Ursula Lassert

Bergedorfer® Grundschulpraxis

Englisch

3. Klasse

Band 2

Persen

Persen Verlag

Gedruckt auf umweltbewusst gefertigtem, chlorfrei gebleichtem und alterungsbeständigem Papier

1. Auflage 2004
Nach der Neuregelung der deutschen Rechtschreibung

Beratende Tätigkeit: Dagmar Hüserich
Illustrationen: Marion El-Khalafawi
Satz: media.design, Neumünster

ISBN 3-89358-**955**-4

Inhaltsverzeichnis

1 Didaktische Überlegungen

1.1 Der Fremdsprachenunterricht in der Grundschule

Vieles spricht für den frühen Einstieg in eine Fremdsprache.

▷ Kinder im Grundschulalter übernehmen unreflektiert Neues, ihre Fähigkeit – durch Nachahmen und Nachsprechen zu lernen – ist besonders groß, **Reime, Lieder und Spiele** wecken noch Begeisterung.

▷ Kinder können Fremdes als normal erleben, um Ausländerfeindlichkeit vorzubeugen.

▷ Das Weltbild der Kinder wird durch die andere Denkweise, die der neuen Sprache zugrunde liegt, erweitert.

▷ Der Fremdsprachenunterricht erweitert die Handlungsfähigkeit der Kinder über die muttersprachlich geprägte Welt hinaus. Schon in der Grundschule begegnen die Kinder durch ausländische Mitschüler und Mitschülerinnen anderen Sprachen und erkennen die Vorteile, mehrere Sprachen zu beherrschen.

1.2 Ziele des Englischunterrichts in der Grundschule

▷ Interesse und Freude am Sprachenlernen vermitteln

▷ grundlegende sprachliche Mittel anbieten, die in einfachen Alltagssituationen gelernt und gefestigt werden

▷ den Kindern die Möglichkeit geben, sich mit einfachen Texten durch Hören, Lesen und Sprechen auseinander zu setzen und so Englisch als Schlüsselsprache zu entdecken

▷ den Kindern Techniken und Methoden vermitteln, damit sie erfolgreich lernen können

▷ eine gesicherte sprachliche Grundlage von Kenntnissen, Fähigkeiten und Fertigkeiten aufbauen, auf der die weiterführenden Schulen ab dem 5. Schuljahr aufbauen können

Am Ende des 4. Schuljahres sollten die Kinder folgende konkrete Fertigkeiten erworben haben:

Hörverstehen:

▷ Erfassen typischer englischer Laute und Lautverbindungen
▷ Verstehen kurzer Arbeitsanweisungen (classroom phrases), Sätze und Texte und darauf handelnd reagieren
▷ Verstehen, wovon gesprochen wird, wenn Dinge des alltäglichen Lebens beschrieben werden
▷ Fragen nach persönlichen Vorlieben und Abneigungen verstehen und mit einfachen sprachlichen Äußerungen darauf antworten

Lesen und Sprechen:

▷ Erkennen von Wörtern und einfachen Sätzen, z. B. auf Schildern und in Katalogen
▷ korrektes Nachsprechen von Lauten und Lautfolgen
▷ Anwenden des richtigen Tonfalls
▷ selbstständiges Formulieren von kurzen Sätzen
▷ Vorlesen bekannter Texte (Reime und Lieder)
▷ Beschreiben von Gegenständen und Lebewesen

1.3 Die geeignete Lernatmosphäre

Wichtig ist, dass eine geeignete Atmosphäre geschaffen wird: Im Klassenzimmer liegen englische Kinderbücher, englisches Spielgeld und geeignete Spiele aus; Bilder/Kalender aus England und eine englische Fahne schmücken die Wände des Klassenzimmers.
Dazu gehört aber auch, dass die Kinder sich sicher und geborgen fühlen, dass sie keine Angst vor Kritik und Abwertung zu haben brauchen.

Die Schülerinnen und Schüler sollen erfahren, dass sie Fehler machen dürfen und dass trotz der Fehler eine Verständigung möglich ist. Dazu ist es nötig, dass Leistungen anerkannt und gelobt werden, Fehler zwar berichtigt, aber nicht weiter beachtet werden.

1.4 Anleitung zur Eigenverantwortlichkeit

Von Anfang an sollten die Kinder dazu angehalten werden, Verantwortung für das eigene Lernen zu übernehmen. Dazu ist die Vermittlung von Lerntechniken nötig, die ihnen helfen, die Fremdsprache **selbstständig** zu lernen, z. B. durch das Erstellung von Wörterlisten, das Nachschlagen im Wörterbuch, das Sammeln und Ordnen von Lernergebnissen.

Die Schülerinnen und Schüler sollten dazu angeregt werden, parallel zum Unterricht ein **Tagebuch** zu führen, in das sie hineinschreiben, was sie an der englischen Sprache beobachtet und entdeckt haben.

Selbst erstellte Blätter zu verschiedenen Themen wie „Diese Tiere kenne ich“, „Diese Kinderbücher kenne ich“, „Das kann ich auf Englisch über mich sagen“ oder Bastelergebnisse (in Umschlägen) und Wörterlisten können das Tagebuch ergänzen. In die Wörterlisten tragen die Kinder die jeweils neu gelernten Vokabeln ein.
Zusammen mit den Arbeitsblättern der „Bergedorfer Grundschulpraxis Englisch“ ergibt sich am Ende der Grundschulzeit eine ausführliche Dokumentation ihrer Lernfortschritte im Englischunterricht.

Es ist ratsam, hin und wieder das Tagebuch hervorzunehmen und gemeinsam zu besprechen.

1.5 Die mündliche Sprache

Der Sprachunterricht umfasst das Sprechen der Fremdsprache, den Umgang mit Texten und Medien, interkulturelles Lernen und das Sprachenlernen-Lernen. Dabei steht der **mündliche Spracherwerb** im ersten Lernjahr im Vordergrund. Geeignete Mittel hierfür sind Aufgaben zum Hörverstehen, Vor- und Nachsprechübungen, Benennungsübungen, Spiele, Rätsel, Reime, Lieder und das Ausmalen von Bildern zum jeweiligen Thema.
Ebenfalls dazu gehören auch kurze szenische Darstellungen, Rollen-, Puppen- und Ratespiele.

Wichtig ist das Schaffen lebendiger Sprachsituationen, in denen die Fremdsprache als soziales Verständigungsmittel erlebt wird. Kurze Dialoge und Spiele ermöglichen es den Kindern, sich in die entsprechenden Personen hineinzuversetzen. Auf diese Art und Weise eignen sich die Schüler die Sprache **aktiv und handelnd** an.
Später kommen Spiel- und andere Dialogszenen hinzu, die die Möglichkeiten bieten, das neu Gelernte auf verschiedene Arten anzuwenden und einzuüben.
Im Unterricht wird das Prinzip des Themen- und Situationsbezugs sprachlichen Lernens ebenso wie das Prinzip des spielerischen, darstellenden und gestaltenden Lernens verwirklicht.
Wettspiele, bei denen es Verlierer gibt, werden vermieden, um bei den schwächeren Schülerinnen und Schülern Frust- und Unlustgefühle zu vermeiden.

1.6 Lesen und Schreiben

Das geschriebene Wort tritt hier (abgesehen vom Schreiben der englischen Namen) erst zu einem späteren Zeitpunkt auf, denn das Schriftbild sollte nicht vor dem Einführen und Sichern von neuen Lauten und Wörtern erscheinen.
Zunächst geht es auch nur um lesendes Erfassen, um das Zuordnen von Text und Bild. Erst dann darf geschrieben werden.

Hören, Verstehen, Sprechen, Lesen und Schreiben ist die erfolgversprechende Reihenfolge beim Erlernen einer Fremdsprache. Lesen und Schreiben sind dabei lernunterstützende Elemente, keineswegs Selbstzweck.

Lesen wird geübt mit Hilfe von Wortkarten, Verknüpfungen von Wort und Bild, selbst gebastelten Domino- und Memory-Spielen, Zuordnen von Sprechblasen und mit einfachen Kinderbüchern.
Schreiben wird geübt durch das Anlegen von Wörterlisten, durch Rätsel, Kartenschreiben, Ausfüllen von Lückentexten und Sprechblasen, Beschriften von Bildern usw.
Das Schreiben der englischen Sprache stellt hohe Anforderungen an die Aufmerksamkeit und Konzentrationsfähigkeit der Kinder, da Schriftbild und Aussprache im Englischen besonders stark voneinander abweichen.

1.7 Die Verzahnung des reproduzierenden und des produzierenden Lernens

Auf vielfältige Art und Weise werden Wörter und Satzstrukturen geübt, denn Sprachenlernen ist ein komplexer Prozess, der nicht linear abläuft, sondern spiralförmig: Jeder neue Lernschritt greift immer wieder den bekannten Wortschatz und bekannte Strukturen auf. So wird Neues mit bereits Gelerntem verknüpft.

Item learning (Aufnehmen, Reproduzieren) und *system learning* (Strukturieren, Produzieren) sind eng miteinander verbunden. Es findet ein Zusammenspiel statt zwischen dem Sprechen, dem Schreiben, der Verwendung des Wortschatzes *(item learning),* dem Vergleichen von Wörtern und Formen, dem Erkennen von Beziehungen zwischen Lauten und Buchstaben, dem Umsetzen von Rede- und Schreibabsichten *(system learning).* Die Schüler und Schülerinnen bewegen sich also auf unterschiedlichem Niveau durch dieselben Erfahrungsfelder.

1.8 Das Prinzip der Einsprachigkeit

In dem vorliegenden Englischlehrgang wird das Prinzip der Einsprachigkeit weitgehend eingehalten, d. h. der Unterricht findet fast ausschließlich in der englischen Sprache statt.
Mit Hilfe von **Gestik und Mimik** und dem situativen Kontext lassen sich nicht nur viele Wörter, Wendungen und Sätze einführen, sondern auch Fragen stellen, Arbeitsanweisungen geben, kurze Texte vorlesen, ohne dass die deutsche Sprache zu Hilfe genommen werden muss.

Die Einsprachigkeit wird hier unterstützt durch den Einsatz von Overheadfolien, einer Handpuppe und realen Gegenständen.

Deutsch sollte nur gesprochen werden, wenn der Gebrauch der englischen Sprache zu umständlich und zeitaufwändig ist.
Beim Vergleichen der englischen Sprache mit dem Deutschen kann die deutsche Sprache hinzugezogen werden.
Das gemeinsame Nachdenken über sprachliche Phänomene und das Sprechen über den experimentierenden Umgang mit Sprache erfordert ebenfalls den deutschen Sprachgebrauch.

1.9 Der Einsatz der Arbeitsblätter

Arbeitsblätter bringen Abwechslung in den Unterricht, sie veranschaulichen und festigen die neue Sprache. Sie ergänzen die Aktivitäten des Unterrichts und bringen eine Phase der Ruhe und Selbstbesinnung in den Unterricht.

Die Kinder können die in diesem Lehrgang enthaltenen Arbeitsblätter zusammen mit eigenem Material sammeln und in einem Ordner zusammenfassen, der dann am Jahresende einen kompletten Überblick über das Gelernte ermöglicht.

1.10 Mit vielen Sinnen lernen

Bei allem Neuen ist es nötig, dass immer mit möglichst vielen Sinnen gelernt wird. Beide Gehirnhälften sollten angesprochen werden: die linke, die Strukturen und Begriffe speichert, und die rechte, die Bewegungsabläufe, Rhythmen, Stimmungen, Düfte und Melodien aufnimmt.
So können angenehme Düfte, Stimmungen und Melodien dazu beitragen, dass sich die Schülerinnen und Schüler schneller, besser und lieber an das Gelernte erinnern.

Das Anwenden von Wortfolgen und Satzmustern wird bei Reimen und Liedern durch die Rhythmik des Versmaßes und die Melodie unterstützt.
Das hilft, Sprechhemmungen abzubauen und relativ schnell zu Erfolgserlebnissen in der fremden Sprache zu kommen. Das so Gelernte kann schon bald kreativ weiterverwendet werden, es können fremdsprachliche Elemente wahrgenommen, analysiert und verstanden werden.

1.11 Partner- und Gruppenarbeit

Um möglichst vielen Kindern im Unterricht die Gelegenheit zum Sprechen zu geben, wiederholt zunächst die ganze Klasse die neuen Wörter und Sätze, danach kleine Gruppen und schließlich einzelne Kinder. Erst dann stellen sich die Schülerinnen und Schüler gegenseitig Fragen und geben die entsprechenden Antworten.

In Gruppen- und Partnerarbeit kann das Gelernte anschließend jeweils in einem Zeitraum von einigen Minuten geübt und gefestigt werden. Dabei wendet sich die Lehrerin/der Lehrer immer wieder den einzelnen Gruppen zu, um zu helfen, zu korrigieren oder zu loben.

1.12 Grammatik und Nachdenken über Sprache

Auf die Vermittlung von grammatikalischen Kenntnissen wird im Fremdsprachenunterricht der Grundschule verzichtet. Es sollen aber gelegentlich Sprachvergleiche angestellt werden, z. B. wenn die Kinder über bestimmte Eigenarten der neuen Sprache stolpern (z. B. bei der Pluralbildung) oder Ähnlichkeiten mit dem Deutschen erkennen.

1.13 Die Verwendung von Ritualen

Im Englischunterricht sollten bestimmte Rituale eingehalten werden, die sich von denen anderer Stunden unterscheiden. Die Rituale vermitteln mit der Zeit ein Gefühl des Vertrauens, der Sicherheit und der Geborgenheit.
Ein ganz wichtiges Ritual ist die **englische Begrüßung** am Anfang jeder Stunde sowie die **englische Verabschiedung** am Ende des Unterrichts. Da dies Teil jeder Stunde ist, wird es in den Unterrichtssequenzen nicht ausdrücklich erwähnt.
Weitere Rituale können das Nennen von Tag und Datum, ein Begrüßungslied, der tägliche Wetterbericht, ein bestimmter Reim oder eine andere Begrüßungszeremonie sein.

1.14 Der Wortschatz

Die Themen des Lehrgangs – und damit der Wortschatz – stammen aus der Erfahrungswelt der Kinder. Sie richten sich nach den Bedürfnissen und den Interessen der Kinder:

▷ Magic world
▷ Leisure time
▷ At home
▷ At school
▷ Our nature
▷ Throughout the year
▷ Special days
▷ My body and my clothes

1.15 Interkulturelles Lernen

Ziel des Fremdsprachenunterrichts ist nicht nur das Vermitteln der Fremdsprache, sondern die Kinder sollen auch einen **Einblick in eine andere Lebenswirklichkeit** bekommen.
Der Unterricht geht von authentischen Situationen und Themen aus, die für die Kinder dieser Altersstufe interessant sind. Den Einblick in die englische Lebenswirklichkeit gewinnen die Schülerinnen und Schüler durch englische Kinderbücher, Comics und Videos, die Vergleiche mit der eigenen Lebenswirklichkeit ermöglichen.
Wenn möglich, sollten Begegnungen mit englischsprachigen Personen *(native speakers)* ermöglicht werden. Hieraus kann eine fruchtbare und kritische Auseinandersetzung mit der eigenen Sprache und Kultur erfolgen. Das fördert gegenseitiges Verständnis und erhöht die Toleranz gegenüber anders denkenden und anders lebenden Menschen.

1.16 Fächerübergreifendes Lernen

Für fächerübergreifendes Lernen eignen sich der Musik-, Sport-, Kunst- und Mathematikunterricht. Im Letzteren kann auf Englisch gerechnet werden, im Sportunterricht können englischsprachige Spiele eingeflochten werden, im Kunstunterricht können Sachen gebastelt und gemalt werden, die sich gut im Englischunterricht verwenden lassen, im Musikunterricht können englische Lieder eingeübt werden usw.
Englisch sollte also ein integrierter Bestandteil des schulischen Lebens und Lernens sein.

2 Hinweise zu den Unterrichtsstunden

Die Materialien zu den 40 Unterrichtsstunden des zweiten Halbjahresbandes umfassen

- ▷ die Stundenverläufe
- ▷ die Arbeitsblätter
- ▷ Schwarz-Weiß-Abbildungen der Overheadfolien
- ▷ Kopiervorlagen mit den Noten und Texten der Lieder/Reime
- ▷ Kopiervorlagen mit Bild- und Wortkarten (Memory-Spiele)
- ▷ Kopiervorlagen mit Dominospielen

Die Arbeitsblätter eignen sich je nach Lernstand zum Ausmalen, zum Lesen und zum Schreiben einzelner Wörter. Zum Teil enthalten sie Bastelaufgaben, zu denen Material wie Schere, Klebstoff und Karton benötigt werden (s. Materialangaben).

Es ist nicht notwendig, dass alle Arbeitsblätter im Englischunterricht bearbeitet werden.

Nicht zuletzt hängt es von der Größe und Zusammensetzung der Klasse und der Fähigkeit der Kinder ab, wie viel Stoff in einer Englischstunde geschafft wird und wie viel Zeit dann noch für das Singen, Spielen und Basteln bleibt.

Die mit Hilfe von Kopiervorlagen hergestellten Memory- und Domino-Spiele können zur Festigung des entsprechenden Wortschatzes oder als Beschäftigung für Kinder, die ihre Aufgabe schnell erledigt haben, eingesetzt werden.
Am besten werden die Karten auf Pappe kopiert, laminiert und, mit Gummibändern versehen, in Schachteln oder Tüten aufbewahrt.

Die verschiedenen Memorys zum Thema „animals" können im Anschluss an die 73. Stunde auch zu **einem** Spiel zusammengefasst werden.

Das **Projekt: Easter** eignet sich bestens, englische Sitten und Gebräuche vorzustellen und im Unterricht zu diskutieren.

Durch die Stunden führt eine **Handpuppe** (Jimmy Jiggles). Bei der Wahl der Handpuppe gibt es keine Vorgaben, außer dass Hände und Mund beweglich sein sollten. Der Name ist beliebig. Die Puppe ist von Anfang an dabei und **spricht nur Englisch**. Damit es für die Kinder einsichtig wird, sollte die Puppe gleich zu Beginn erklären, dass sie aus England kommt und deshalb nur Englisch kann. Das wiederum motiviert die Kinder, mit ihr oder durch sie nur Englisch zu sprechen. Die Handpuppe hilft ihnen auch über die Anfangsschwierigkeiten bei neuen Wörtern hinweg, indem sie die Wörter zuerst nachspricht. Somit macht sie lange Erklärungen überflüssig. Durch ihr Tun fordert die Puppe ohne viele Worte zum Nachahmen auf und nimmt ängstlichen Kindern die Furcht vor der fremden Sprache.

Tipps für die Einführung von Liedern/Reimen:

- ▷ Lied/Reim zuerst auf CD vorspielen
- ▷ Text langsam und deutlich vorsprechen
- ▷ mit Mimik und Gestik unterstützen
- ▷ Kinder klatschen oder summen das Lied mit, bevor sie singen
- ▷ Kinder sprechen den Text mit
- ▷ Kinder singen/sprechen auf unterschiedliche Weise: langsam, schnell, laut, leise

Verwendete Abkürzungen:

L - Lehrerin/Lehrer

K - Kind/Kinder

H - Handpuppe

OHP - Overheadprojektor

3 Tabelle: Themenübersicht

Erfahrungsfelder	Stunden	Themen
Magic world	41. Stunde 43. Stunde 44. Stunde 80. Stunde	Adjectives/Activities Activities Adjectives Prepositions
Leisure time	42. Stunde 51. Stunde 58. Stunde 68. Stunde 72. Stunde 75. Stunde	Activities Numbers (1–20) Toys Adjectives Adjectives Vehicles/Prepositions
At home	45. Stunde 50. Stunde 52. Stunde 54. Stunde 62. Stunde	The family The family The house/Drinks The house The family
Our nature	46. Stunde 49. Stunde 57. Stunde 60. Stunde 63. Stunde 65. Stunde 66. Stunde 73. Stunde 74. Stunde 79. Stunde	Pets Pets Zoo animals/Pets Farm animals Farm animals Zoo animals Animals/The weather On the farm In the garden/Prepositions The weather
At school	47. Stunde 64. Stunde	Numbers (1–15) Numbers (1–30)
Throughout the year	48. Stunde 59. Stunde 61. Stunde 69. Stunde 78. Stunde	The time of day The time of day The time of day/Activities The time of day/Activities The week/Activities
My body and my clothes	53. Stunde 70. Stunde 71. Stunde 77. Stunde	Clothes/Colours Clothes/Colours The body The body/Activities
Special days	55. Stunde 56. Stunde	Easter/Colours Easter/Prepositions
Food and drinks	67. Stunde 76. Stunde	Teatime At the market

4 Spiele

Hinweis: Die Zahlen in den Klammern geben an, in welchen Stunden die Spiele zum Einsatz kommen.

4.1 Robots (43, 71, 77) – Wortschatz: **Verben**
Vier Kinder stellen sich vor die Klasse. Sie sind Roboter und bekommen von den anderen Kindern Aufträge, z. B.: *Touch the ground!*
Beim Erledigen der Aufträge bewegen sich die Kinder wie Roboter.

4.2 What's My Number? (47, 51) – Wortschatz: **Zahlen**
Ein Kind kommt an die Tafel und schreibt für die anderen unsichtbar eine Zahl auf.
Die anderen Kinder versuchen die Zahl so schnell wie möglich herauszufinden.
Das Kind vorn gibt jeweils Hinweise: *My number is higher/lower.*
Wenn die richtige Zahl genannt wird, klappt das Kind vorn die Tafel auf und zeigt seine Zahl.
Das Kind, das die Zahl erraten hat, geht als Nächstes an die Tafel.

4.3 Animal/Weather Painter (49, 57, 79) – Wortschatz: **Tiere/Wetter**
Während ein Kind ein Tier (Wetter) an die Tafel zeichnet, versuchen die anderen es so schnell wie möglich zu erraten. Jeder darf aber nur einmal raten.
K: *Stop! Is it a (lion)? – Yes, it is./No, it isn't.*
Wer den gesuchten Begriff als Erster nennt, geht an die Tafel und zeichnet das nächste Tier.

4.4 I'm Standing in the Garden (49) – Wortschatz: **Tiere/Gegenstände**
(Auf dem Schulhof oder in der Turnhalle)
Die Kinder stehen im Kreis. Alle denken sich z. B. ein Tier aus, und reihum nennt jeder sein Tier. Die Kinder rücken zusammen, sodass an einer Stelle des Kreises eine Lücke entsteht.
Das Kind links neben der Lücke macht einen Schritt nach rechts und sagt: *I'm standing …*
Das nächste Kind rückt nach und sagt: … *in the garden …*
Das dritte Kind rückt nach und sagt: … *and I would like to have a (dog).*
Das Kind (oder auch mehrere), das sich (den Hund) ausgedacht hatte, huscht in die Lücke.
Das Spiel geht nun an der Stelle im Kreis weiter, wo die neue Lücke entstanden ist.

4.5 Change Places! (51, 53, 60, 63, 66, 78) – Wortschatz: **Zahlen/Farben/Tiere/Gegenstände**
Die Kinder sitzen im Stuhlkreis. L teilt jedem z. B. eine Zahl zu.
Wenn alle ihre Zahl kennen, beginnt das Spiel. L ruft.: *Number (**eleven**) and number (**twenty**) change places!*
Daraufhin wechseln alle Kinder mit der 11 und der 20 ihre Plätze.
Wenn L ruft: ***All numbers** change places!*, springen alle Kinder auf und suchen sich einen neuen Platz.
Noch reizvoller wird das Spiel, wenn ein Stuhl weniger als Spieler vorhanden ist. Dann bleibt immer ein Kind übrig, das den Befehl zum nächsten Wechsel gibt.

4.6 I Sent a Letter to My Love (50, 54, 69) – Zum Lied: I Sent a Letter to My Love
Die Kinder stellen sich im Kreis auf und singen das Lied.
Ein Spieler läuft **im Uhrzeigersinn** mit einem Tuch in der Hand um den Kreis herum. Bei ***dropped it*** lässt er das Tuch hinter einem anderen Kind fallen und läuft weiter.
Das andere Kind hebt schnell das Tuch auf und rennt **gegen den Uhrzeigersinn** um den Kreis herum.
Beide versuchen den freien Platz als Erster zu erreichen.
Wer zu spät kommt, läuft im nächsten Spiel mit dem Tuch um den Kreis.

4.7 What's Missing? (57, 70, 76) – Wortschatz: **Tiere/Gegenstände**
Die Kinder sitzen im Stuhlkreis. In der Mitte liegen z. B. mehrere Stofftiere.
Ein Kind wird vor die Tür geschickt. Bevor es wieder hereingerufen wird, entfernen die anderen ein Stofftier.

Das Kind muss erraten, welches fehlt: *What's missing?*
Danach ist ein anderes Kind an der Reihe.

4.8 What's the Time, Mr Wolf? (59) – Wortschatz: **Uhrzeiten**
(Auf dem Schulhof oder in der Turnhalle)
Auf der einen Seite des Spielfeldes steht „Mr Wolf", auf der anderen Seite die „Häschen" *(rabbits).*
Sie wollen über das freie Feld zum Bach (evtl. mit blauer Kreide aufmalen).
Die „Häschen" rufen: *What's the time, Mr Wolf?*
„Mr Wolf": *It's (two) o'clock.*
Daraufhin machen die „Häschen" (zwei) Schritte, dann fragen sie wieder nach der Uhrzeit.
Irgendwann ruft der „Wolf": *It's time to eat!,* und rennt los, um ein „Häschen" zu fangen.
Das gefangene „Häschen" ist im nächsten Spiel „Mr Wolf".

4.9 Did You Touch Me? (62, 80)
Vier Kinder stehen vor der Klasse und sagen: *Sleep well!*
Alle schlafen ein, mit dem Kopf auf den Armen. Die vier Kinder gehen im Klassenraum umher und jedes von ihnen tippt ein „schlafendes" Kind an und geht wieder nach vorn.
Gemeinsam sagen sie dann: *Wake up, please!*
Jedes angetippte Kind fragt nun eins der vier: *Did you touch me?*
Die vier antworten: *Yes, I did./No, I didn't.,* bis die richtigen Kinder herausgefunden worden sind.

4.10 Tip-Top (63, 71, 77) – Wortschatz: **Tiere/Gegenstände/Körperteile**
Die Kinder sitzen im Stuhlkreis und jedes bekommt z. B. ein Tier (Bildkarte) zugeteilt.
Ein Kind steht in der Mitte. Es wendet sich einem Mitschüler im Kreis zu und ruft: ***Tip*** bzw. ***Top***. Bei ***Tip*** muss das angesprochene Kind das Tier des linken Nachbarn nennen, bei ***Top*** das Tier des rechten Nachbarn.
Ist die Antwort richtig, bleibt das Kind in der Mitte stehen. Wenn die Antwort falsch ist, geht das linke bzw. rechte Kind in die Mitte. Bei ***Tip-Top*** wechseln alle Kinder die Plätze.

4.11.1 One, Two, Three (64) – Wortschatz: **Zahlen**
Alle sitzen im Stuhlkreis. Der rechte Stuhl neben L ist frei. Jedes Kind bekommt eine Zahl zugeteilt.
(Jede Zahl wird nur einmal vergeben.)
L ruft z. B.: *One, two, three, come to me, number twenty!*
Das Kind mit der Nummer 20 setzt sich auf den freien Platz. Nun ruft das Kind, dessen rechter Nachbarstuhl frei geworden ist: *One, two, three, come to me, number (twenty-six)!* usw.

4.11.2 I Like Coffee, I Like Tea (67)
Alle sitzen im Stuhlkreis. Der rechte Stuhl neben L ist frei.
L ruft z. B.: *I like coffee, I like tea! Susan, Susan, come to me!*
Das gerufene Kind setzt sich auf den freien Platz. Nun ruft das Kind, dessen rechter Nachbarstuhl frei geworden ist: *I like coffee, I like tea! (Harry, Harry), come to me!* usw.

4.12 Bingo (64, Projekt: farm) – Wortschatz: **Zahlen/Bauernhoftiere**
Jedes Kind erhält eine Bingotafel, in die es jeweils neun verschiedene Zahlen/Tiere einträgt. Der Spielleiter nennt Zahlen/Tiere. Die Kinder, die diese Zahlen/Tiere auf ihrer Tafel haben, streichen sie durch.
Das Kind, das zuerst drei Zahlen/Tiere in einer Reihe (waagerecht, senkrecht oder diagonal) durchgestrichen hat, ruft: *Bingo!*

4.13 At the Zoo/On theFarm (65, 73) – Wortschatz: **Tiere**
Jedes Kind denkt sich ein Tier aus, das es gern sein möchte. Es bewegt sich entsprechend durch das Klassenzimmer.
Der „Zoodirektor/Bauer" (L oder ein anderes Kind) kommt, streichelt die „Tiere" und begrüßt sie nacheinander: *Good morning, my dear (lion) ...*
Aber er vertut sich oft dabei und spricht die „Tiere" falsch an. In dem Fall geben die Kinder einen ihrem Tier entsprechenden Laut von sich und antworten: *Oh no, I'm not a (lion), I' m a (tiger)!*
Anschließend gehen die „Tiere" zurück in ihren „Käfig" oder „Stall".

4.14 Playing Adjectives (68, 72) – Wortschatz: **Adjektive**
(Zu Musik)
Jedes Kind bekommt ein Adjektiv zugeteilt (Wortkarte) und sucht sich seinen Gegensatz-Partner.
Die Kinder tanzen paarweise zur Musik.
Wenn die Musik stoppt, ruft L z. B.: *Short and long!,* und die entsprechenden Paare stellen ihre Adjektive pantomimisch dar (K 1 kniet sich hin, K 2 streckt sich).
L fragt die einzelnen Paare: *What are you?*
K 1: *I am short.* – K 2: *I am long.*

4.15 One O'clock, Two O'clock (69) – Wortschatz: **Uhrzeiten**
(Auf dem Schulhof oder in der Turnhalle)
Kann entweder als Kreisspiel oder zum Seilspringen gespielt werden.
Die Kinder sprechen gemeinsam den Reim. Bei ***door*** und ***gate*** schlüpfen die genannten Kinder in den Kreis bzw. aus ihm heraus, oder sie springen in das geschlagene Seil bzw. heraus.
One o'clock, two o'clock, three o'clock, four,
in *comes (Harry) through the* ***door****.*
Five o'clock, six o'clock, seven o'clock, eight,
out *goes (Polly) through the* ***gate****.*

4.16 Chain-Game (Kofferpacken) (70, 76, 78) – Wortschatz: **Gegenstände/Wochentage**
Die Kinder sitzen im Stuhlkreis.
L beginnt: *We pack our bag. I put a (cardigan) in my bag./On Monday I (read a book).*
Das Kind links neben L: *I put a (cardigan) and (jeans) in my bag./On Monday I (read a book). On Tuesday I (play football).*
Im Uhrzeigersinn wiederholen die Kinder das bisher Genannte in der richtigen Reihenfolge und fügen jedes Mal etwas Neues hinzu.
Das Spiel ist zu Ende, wenn ein Spieler die Reihenfolge durcheinander bringt oder nicht weiter weiß.

4.17 Four Corners Game (73, 75) – Wortschatz: **Tiere/Verkehr**
(Auf dem Schulhof oder in der Turnhalle)
Die vier Ecken des Spielfeldes werden mit Kreide oder Seilen vom übrigen Spielfeld abgegrenzt und z. B. als *meadow, cowshed, stable* und *henhouse* beschriftet/beschildert.
Jedes Kind bekommt ein Tier zugeteilt (Wort-/Bildkarte). Sie laufen auf dem mittleren Spielfeld umher.
Nun ruft der Spielleiter z. B.: *All hen into the henhouse!,* und die „Hühner" laufen schnell in den „Hühnerstall".
Er kann aber auch rufen: *All hen into the cowshed!* Dann müssen die „Hühner" in den „Kuhstall" laufen.
Die „Tiere" können wieder aus ihren Ecken herauskommen, sodass das Spiel beliebig lange gespielt werden kann.
(Das Spiel kann auch als Wettspiel gespielt werden. Dann scheiden jeweils die Kinder aus, die als Letzte in ihrer Ecke angekommen oder in die falsche Ecke gelaufen sind.)

4.18 Look For Your Partner! (75) – Wortschatz: **Verkehr/Hoftiere**
Vier Kinder bekommen z. B. Wortkarten mit den Begriffen: *garage, harbour, airport, station.*
Die übrigen bekommen Wortkarten mit den Namen der Verkehrsmittel: *car, ship, plane, train.* Die Kinder gehen im Klassenraum umher und die „Verkehrsmittel" fragen die Mitspieler: *Are you the (airport)?*
Die Gefragten antworten: *Yes, I am./No, sorry, I'm the (garage).*
Das Spiel ist zu Ende, wenn alle Fahrzeuge ihre „Heimat" gefunden haben.

41 Magic world

Thema

Adjectives/Activities

Wörter/Sätze
short, long, fat, slim, small, tall, *witch, broom, writing, reading, flying, nose*

Material Handpuppe (H), OHP, Folie 1, CD-Player mit CD 1, Arbeitsblatt, Stifte, Wörterliste (K können hier jeweils die neu gelernten Vokabeln eintragen.)

Ablauf L: *Good morning, boys and girls.* K: *Good morning, Mr/Mrs ...**

Lied: Are You Sleeping, Lilly Long?
Bewegungen zum Lied:
K legen den Kopf auf die zusammengefalteten Hände. Bei ***Morning bells are ringing*** schrecken sie hoch.
L führt weitere Strophen zu dem Lied ein und macht die entsprechenden Bewegungen vor:
Are you writing/reading/flying, Lilly Long? ...
K singen und führen die entsprechenden Bewegungen dazu aus.

⇨ L zeigt **Folie 1**: *Look, here are two good friends of Lilly Long. This is Molly and that is Tilly. Molly is small and fat. Tilly is tall and slim.* (L verdeutlicht mit den Händen den Unterschied.)
L wiederholt: *Molly is small and fat. Tilly is tall and slim.*
H und K sprechen nach.
L: *Is Molly fat?*
H und K: *Yes, she is.*
L: *Is Tilly fat?*
H und K: *No, she isn't.*

L: *Look, Molly's nose/broom is short.* ***Her*** *nose/broom* (L zeigt auf die Hexe Tilly) *is long.*
L fragt K nach anderen Merkmalen der beiden Hexen.

Arbeitsblatt (L: *Colour the witches.*)
K malen die Hexen an.

Partnerarbeit (mit Arbeitsblättern)
K stellen sich gegenseitig Fragen nach den Merkmalen der Hexen.

L: *Now everyone of you is a little witch. You are flying through the room.*
K „fliegen" durch das Klassenzimmer.

L führt einen neuen Reim ein: 33. One Little, Two Little, Three Little Witches
(s. Tipps, S. 10).

One little, two little, three little witches
flying over houses, flying over rooms,
flying over magic woods, flying on their brooms.

Lied: Goodbye

L: *Goodbye, boys and girls.* K: *Goodbye, Mr/Mrs ...**

---

* Englische Begrüßung und Verabschiedung ist Teil jeder Unterrichtsstunde.
Aus Platzgründen wurde es in den folgenden Stundenbeschreibungen weggelassen.

41	Arbeitsblatt	Name:

Bergedorfer Grundschulpraxis: Englisch – 3. Klasse, Band 2

Thema

Activities

Material

Handpuppe, Tasche mit Teddybär, CD-Player mit CD 1,
Arbeitsblatt, Schuhbürste oder Putzlappen,
evtl. Gummibärchen o. Ä., Springseile, Stifte, Wörterliste

Wörter/Sätze

turn around, touch the ground, clean the shoe,
eyes, ears, legs, arms, nose, mouth; This is for you!; colours …

Ablauf

Lied: Good Morning

➪ L: *I have brought a friend with me. He is in my bag. Who could it be? What do you think?*
K und H raten.
Schließlich holt L den Teddybär aus der Tasche: *Look, isn't he nice? Can you describe him, (Jimmy)?* (L unterstützt mit entsprechenden Gesten. Wenn K im Folgenden die **Fehler** zunächst nicht bemerken, fragt L: *Is this really right?*)
H: *Your teddy bear is* ***green****.*
K: *No, he is* ***brown****.*
H: *He has* ***three*** *black eyes.*
K: *No, he has* ***two*** *black eyes.*
K beschreiben den Teddy in mehreren Sätzen.

➪ L: *Look, what he's doing: He is touching the ground/turning around/cleaning my shoe.*
(L lässt den Teddy die entsprechenden Bewegungen ausführen; bei *cleaning my shoe* putzt er einen Schuh von L mit einer Schuhbürste und bekommt von L zur Belohnung ein Gummibärchen o. Ä. L: *This is for you!*)
Erst spricht H nach, dann K.

➪ L fordert einzelne Kinder auf: *Turn around!/Touch the ground!/Clean your shoe!*
Während K den Aufforderungen nachkommen, fragt L sie: *What are you doing?*, und K antworten: *I'm (touching the ground) …*
L fragt auch die anderen Kinder: *What is he/she doing?*

Partnerarbeit
K 1: *Touch the ground! …*
K 2 führt die entsprechenden Befehle aus und spricht dazu: *I'm touching the ground …*

L führt einen neuen Reim ein: 34. Teddy Bear, Teddy Bear (s. Tipps, S. 10).

Teddy bear, teddy bear,
turn around.
Teddy bear, teddy bear,
touch the ground.

Teddy bear, teddy bear,
clean the shoe.
Teddy bear, teddy bear,
this is for you.

➪ Auf dem Schulhof (oder in der Turnhalle) spielen K Seilhüpfen. Alle, die nicht hüpfen, singen das Lied vom Teddybären.

Arbeitsblatt (L: *Let's read. Colour the teddy bears.*)
L und K lesen gemeinsam. K malen die Teddybären an.

42	Arbeitsblatt	Name:

Teddy bear, teddy bear,
turn around.
Teddy bear, teddy bear,
touch the ground.

Teddy bear, teddy bear,
clean the shoe.
Teddy bear, teddy bear,
this is for you.

Thema

Activities

Wörter/Sätze

stand up, go,
jump on one foot,
clean, drink, sit,
touch, shoe, table,
chair, blackboard

Material

Handpuppe, CD-Player mit CD 1 und neutraler Musik-CD, Arbeitsblatt, Stifte, Wörterliste

Ablauf

Reim: Teddy Bear, Teddy Bear

⇨ L fordert H und K auf (mit entsprechenden Gesten):
Please, stand up!/Sit on the chair!/Touch the table!/Go through the classroom!/ Clean your shoes!/Jump on one foot! …
H und K führen die Befehle (z. T. pantomimisch) aus.

Spiel: Robots (s. Spiele, 4.1)
Aufträge: *Touch the blackboard!/Sit on the table! …*

K gehen zu neutraler Musik durch das Klassenzimmer. Jedes Mal, wenn die Musik stoppt, gibt L einen Befehl, der so lange ausgeführt wird, bis die Musik wieder einsetzt.

L gibt einzelnen Kindern einen Befehl. Während K ihn ausführen, fragt L
- ▷ die anderen Kinder: *What is she/he doing?* – K: *She/He is (sitting on the table).*
- ▷ das ausführende Kind: *What are you doing?* – K: *I'm (going through the classroom).*

Gruppenarbeit (3–6 K)
K 1 gibt einen Befehl, z. B.: *Touch the table!*
K 2 führt den Befehl aus und sagt: *I'm touching the table.* Dann gibt K 2 einen Befehl ...

Reim: One Little, Two Little, Three Little Witches
Dazu „fliegen" K durch das Klassenzimmer.

Fantasiereise
L: *Let us make a fantasy journey. You may take off your glasses, if you want, and put your heads on your arms. You shut your eyes and take a deep breath. Now you relax.*
You see three little witches dancing in front of their small house. Look, what they are doing! (lange Pause)
Now we'll end our fantasy journey … Open your eyes, take another deep breath, and stretch yourselves. Now we can go on.

Arbeitsblatt (L: *Let's read. Match the balloons with the pictures.*)
L und K lesen gemeinsam.
K verbinden die Sprechblasentexte mit den entsprechenden Abbildungen.

Lied: Are You Sleeping, Lilly Long?
(Evtl. eigene Strophen mit anderen Verben ergänzen: *writing, flying ...*)

43	Arbeitsblatt	Name:

Match the balloons with the pictures.

Bergedorfer Grundschulpraxis: Englisch – 3. Klasse, Band 2

Thema

Adjectives

Material

Handpuppe, OHP, Folie 1, CD-Player mit CD 1,
Arbeitsblatt, Stifte, Wörterliste

Wörter/Sätze

tree, *house, circle, witch, long, short, thick, thin, big, small, fat, slim, school things ...*

Ablauf

Lied: Good Morning

⇨ L zeigt verschiedene Gegenstände und vergleicht sie miteinander, z. B.:
Look, this pencil is long and that pencil is short. This ruler is long and that ruler is short. – This book is thick, that book is thin.
H und K sprechen jeweils nach.

⇨ L zeigt **Folie 1** und **Tafelbild**: ein großes und ein kleines Haus, ein großer und ein kleiner Kreis.
L zeigt auf die Bäume und Hexen auf der Folie: *These are trees. This tree is tall and that tree is small. – This witch is fat, that witch is slim.*
L zeigt auf die Häuser und Kreise an der Tafel: *This house is big, that house is small. This circle is small, that circle is big.*
H und K sprechen jeweils nach.

L zeigt auf verschiedene Abbildungen: *Is this (house) big? ...*
Erst antwortet H, dann K: *Yes, it is./No, it isn't.*

Gruppenarbeit (3–6 K)
K vergleichen Gegenstände miteinander, z. B.: *This pencil is short, that pencil is long.*

L führt einen neuen Reim ein: 35. Jack and Jill (s. Tipps, S. 10).
(L erklärt die unbekannten Wörter – möglichst mit Hilfe von Abbildungen und durch entsprechende Gesten.)

Jack and Jill went up the hill,
to fetch a pail of water;
Jack fell down and broke his crown,
and Jill came tumbling after.

Jeweils ein Junge und ein Mädchen kommen nach vorn und spielen als Jack und Jill die Handlung des Reims nach. Sie versuchen dabei mitzusprechen.

Arbeitsblatt (L: *Let's read. Colour the picture.*)
L und K lesen gemeinsam. K malen das Bild an.

Lied: Ten Little Indians
Bewegungen zum Lied:
Jeweils 10 Kinder stellen sich vor die Klasse. Jedes Kind bekommt eine Zahl von 1 bis 10 zugeteilt. Es wird durchgezählt, damit jeder seine Zahl kennt. L: *Stand in a line, please. You go down, when you hear "One"* (L zeigt dabei auf K 1 und macht es vor). *You go down, when you hear "Two"* (L zeigt dabei auf K 2) ... Während K sich bei der ersten Strophe nacheinander hinhocken sollen, stehen sie bei der zweiten Strophe nach und nach wieder auf: *Then you get up again.*

44	Arbeitsblatt	Name:

Jack and Jill went up the hill,
to fetch a pail of water;
Jack fell down and broke his crown,
and Jill came tumbling after.

Thema

The family

Wörter/Sätze

family, father, mother, brother, sister; *Have you got a …?; What's your (father's) name?; colours …*

Material

Handpuppe, OHP, Folie 2, Word cards (s. Material: family I), verschiedenfarbige Luftballons oder Tonpapierkarten, Arbeitsblatt, Stifte, Wörterliste

Ablauf

Lied: Good Morning

⇨ L zeigt **Folie 2** und benennt nacheinander die abgebildeten Personen: *This is Tom. This is Mr Turner, he is Tom's father. This is Mrs Turner, she is Tom's mother. This is Tony, he is Tom's brother. This is Judy, she is Tom's sister.* Zunächst spricht H nach, dann K.

L zeigt z. B. auf den Vater: *Who is this?*
H: *This is Mr Turner. He is Tom's father.*
K sprechen nach.
L fragt nach den anderen Familienmitgliedern. K antworten entsprechend.

Jeweils ein Kind zeigt auf Personen der **Folie**. Es fragt die anderen: *Who is it?* K antworten entsprechend.

⇨ L: *What is your father's/mother's/brother's/sister's name?*
K antworten. Danach stellen sie sich gegenseitig Fragen nach den Namen ihrer Familienangehörigen.

L fragt H: *Have you got a brother or a sister?*
H: *No, I haven't.*
L fragt K nach ihren Geschwistern.

Gruppenarbeit (3–6 K)
K fragen sich gegenseitig: *(Susan), have you got a brother/sister?*
Sie antworten: *Yes, I have. His/Her name is …/No, I haven't.*

Spiel: Family Game
Jedes Kind bekommt eine Wortkarte und eine bestimmte Farbe (Luftballon o. Tonpapierkarte) zugeteilt (Farbe = Familienname). Kinder mit derselben Farbe sollen eine Familie bilden. Indem sie laut rufen, wer sie sind, z. B. *„Mother Red"*, finden sie allmählich zueinander. Jede Familie stellt sich dicht beieinander auf.
(Das Spiel kann auch als Wettspiel gespielt werden: Die Familie, die zuerst komplett ist, hat gewonnen.)

Arbeitsblatt (L: *Let's read. Draw your family.*)
L und K lesen gemeinsam. K zeichnen ihre Familie.

Lied: I Sent a Letter to My Love

My family

mother

father

I am ____________.

brother

sister

mother	father
mother	father
mother	father
brother	sister
brother	sister
brother	sister

KOPIERVORLAGE

Thema

Pets

Material

Handpuppe, OHP, Folie 3a, Picture cards: pets
(s. Anhang, 6.3.1: rabbit, dog, cat, mouse) oder Stofftiere, englisches Spielgeld, Arbeitsblatt, Stifte, Wörterliste

Wörter/Sätze

rabbit, dog, cat, mouse, pet, animal, pet-shop;
I would like …; Here you are; Thank you.

Ablauf

Lied: Five Brown Teddies

⇨ L zeigt **Folie 3a (oben)**: *Look, this is a pet-shop. Here you can buy your pet, the animal you like most. But first you must learn the names of the animals. This is a rabbit/dog/cat/mouse.*
H und K sprechen jeweils nach.
L zeigt auf die Tiere und fragt: *What is it?/Is it a …?*
H und K: *It is a …/Yes, it is./No,it isn't.*

Pantomimespiele

1. L stellt die Tiere pantomimisch dar und fragt K: *Can you guess which animal I am?*
2. Wenn alle Tiere erkannt wurden, flüstert L einem Kind zu: *(Susan), you are a (mouse). What does a (mouse) do?* K stellt das jeweilige Tier pantomimisch dar, die anderen sollen es erraten.
3. Alle Kinder erhalten eine Bildkarte. Nacheinander stellen sie das abgebildete Tier dar, die anderen sollen es erraten.

Spiel: Pet-Shop
L ruft jeweils ein Kind für die Spielhandlung nach vorn. Die Stofftiere bzw. Bildkarten liegen auf einem Tisch.
L: *Now I am the shopkeeper and you may buy a pet. Here is some money for you.*
(L gibt K das Spielgeld. H hilft evtl. bei dem Dialog.)
K: *Hello!*
L: *Hello, can I help you?*
K: *Yes, please. I would like this (cat).*
L: *Ten pounds, please.*
K: *Here you are.*
L: *Thank you, here is your (cat).* L reicht K (die Katze).
K: *Thank you. Goodbye.*
L: *Goodbye.*
Die Spielhandlung wird mit anderen Kindern wiederholt.

Gruppenarbeit (3–4 K)
K spielen die Pet-Shop-Szene in Gruppenarbeit nach.

Arbeitsblatt (L: *Look at the pictures and spot the differences.*)
K markieren die Unterschiede in den beiden Abbildungen.

Reim: Teddy Bear, Teddy Bear

46	Arbeitsblatt	Name:

Spot the differences.

PET-SHOP

Thema

Numbers

Material

Handpuppe, Picture cards: numbers (s. Anhang, 6.5.1: 1–15), Arbeitsblatt, Stifte, Wörterliste

Wörter/Sätze

eleven, twelve, thirteen, fourteen, fifteen, plus, minus, makes, *numbers (1–10); my number is higher/lower.*

Ablauf

Lied: Ten Little Indians (mit Bewegungen)

➪ L wiederholt die Zahlen bis 10: K zählen, nennen ihre Telefonnummern, spielen Zahlenraten ...

➪ **Tafelbild:** L zeichnet drei Hände mit ausgestreckten Fingern an die Tafel.
L und K zählen gemeinsam 10 Finger ab.
L zeigt auf die dritte Hand und führt die neuen Zahlen ein.
H und K sprechen jeweils nach.

Lippenspiel
L formt die Lippen lautlos zu den neuen Zahlen. K lesen von den Lippen ab.

➪ L schreibt verschiedenen Kindern Zahlen auf den Rücken. K sollen die Zahlen herausfinden.

➪ L: *Let us do maths in English!*
L stellt K Additions- und Subtraktionsaufgaben, z. B. *Eight plus three makes ...*

Lied: Five Brown Teddies

Gruppenarbeit (3–6 K)
K stellen sich gegenseitig Rechenaufgaben.

Spiel: Maths
Jedes Kind erhält eine Bildkarte. Wenn alle ihre Zahl kennen, legen die Kinder die Kärtchen verdeckt vor sich auf den Tisch. L zeigt K mit Hilfe von H, wie das Spiel geht: H fragt L: *Mr/Mrs ..., what is your number?* L zeigt K heimlich seine/ihre Zahl (11) und antwortet mit einer Aufgabe: *(Fifteen minus four.)*
H nennt die Zahl: *Eleven.* L deckt das Kärtchen auf: *That's right/okay.*
K spielen das Spiel selbstständig.

Spiel: What's My Number? (s. Spiele, 4.2)
Es wird eine Zahl zwischen 1 und 15 an die Tafel geschrieben.

Arbeitsblatt (L: *Let's read. Colour the right number of things.*)
L und K lesen gemeinsam. K malen Gegenstände den Vorgaben entsprechend an.

Lied: Five in the Bed
Hinweis: Evtl. als **Ten in the Bed** singen.

47	Arbeitsblatt	Name:

Colour the right number of things.

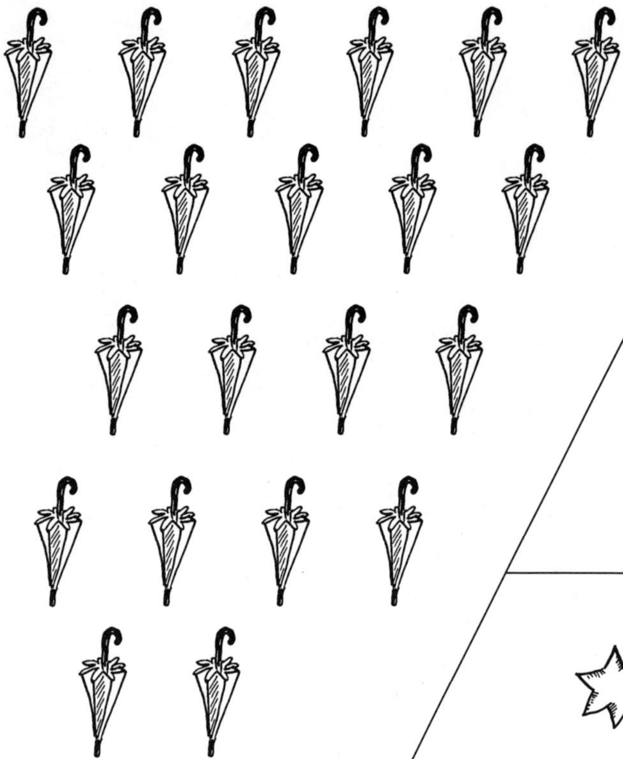

fourteen → red

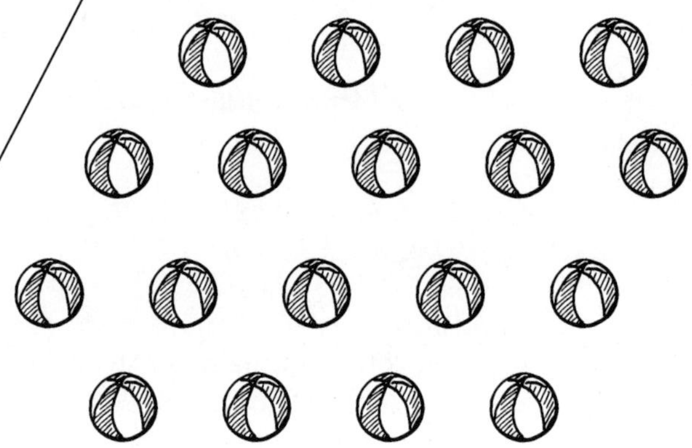

eleven → blue

twelve → yellow

fifteen → green

thirteen → black

 KOPIERVORLAGE

48 Lied: Hickory, Dickory, Dock

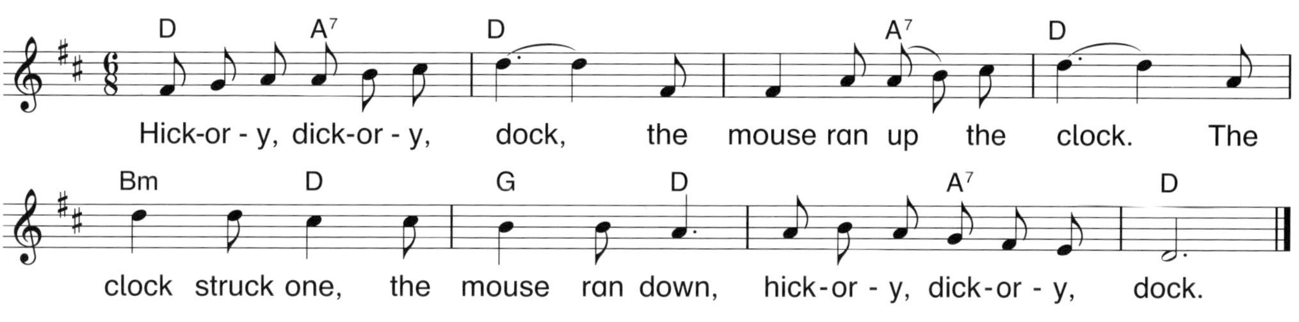

Thema
Pets

Material
Handpuppe, OHP, Folie 3, Folienschreiber, Picture cards: pets (s. Anhang, 6.3.1), Arbeitsblatt, Stifte, Wörterliste

> **Wörter/Sätze**
>
> ***bird, fish, hamster, guinea-pig,*** *mouse, dog, cat, rabbit, pet, animal;* ***I'm standing in the garden*** *and I would like to have a ...*

Ablauf

Lied: Hickory, Dickory, Dock (mit Bewegungen)

⇨ L zeigt **Folie 3a (oben)** und wiederholt die bekannten Tiere:
Do you remember these animals?

⇨ L zeigt **Folie 3b (unten)** und führt die neuen Vokabeln ein.
H und K sprechen jeweils nach.

L zeigt nacheinander auf die Tiere und fragt: *What is it?*
Zunächst antwortet H, dann K: *It is a ...*

L zeigt jeweils auf ein Tier und fragt: *Is it a (fish)?*
K: *Yes, it is./No, it isn't.*

⇨ L: *What pet would you like to have?*
K nennen ihre Wünsche.

Spiel: Animal Painter (s. Spiele, 4.3)

Pantomimespiel
L und K stellen Tiere pantomimisch dar: *Can you guess which animal I am?*
Die anderen versuchen die Tiere zu erraten.

Spiel: I'm Standing in the Garden (auf dem Schulhof oder in der Turnhalle)
Die Kinder stehen im Kreis. Die Bildkarten werden an 8 Kinder verteilt und reihum nennt jedes sein Tier. Die Kinder rücken zusammen, sodass an einer Stelle des Kreises eine Lücke entsteht. Das Kind links neben der Lücke macht einen Schritt nach rechts und sagt: *I'm standing ...*
Das nächste Kind rückt nach und sagt: *... in the garden.* Das dritte Kind rückt nach und sagt: *... and I would like to have a (bird).*
Das Kind, das die (Vogel)-karte hat, huscht in die Lücke. Das Spiel geht nun an der Stelle im Kreis weiter, wo die neue Lücke entstanden ist.

⇨ L schreibt die Wörter zu den entsprechenden Abbildungen auf die **Folie 3b**.
K lesen die Wörter im Chor.

Arbeitsblatt (L: *Let's read. Draw the animals.*)
L und K lesen gemeinsam. K zeichnen die Tiere an die entsprechenden Stellen.

Lied: Two Little Dicky Birds (mit Bewegungen)

49	Arbeitsblatt	Name:

Draw the animals.

The rabbit is under the chair.

The cat is on the tree.

The dog is in the house.

The fish is in the aquarium.

The hamster is beside the school bag.

The bird is in the tree.

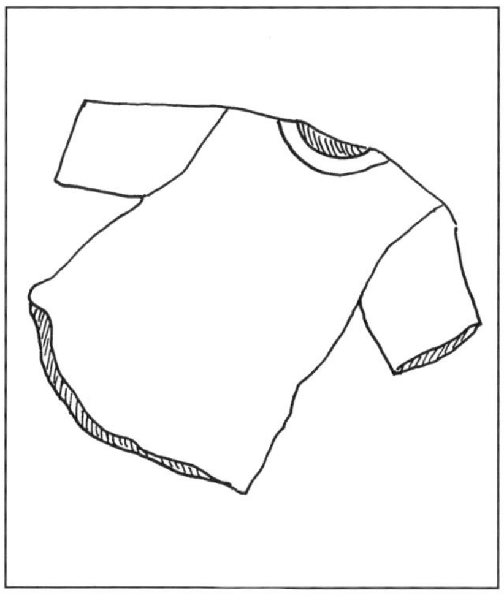

The guinea-pig is on the T-shirt.

The cat is under the table.

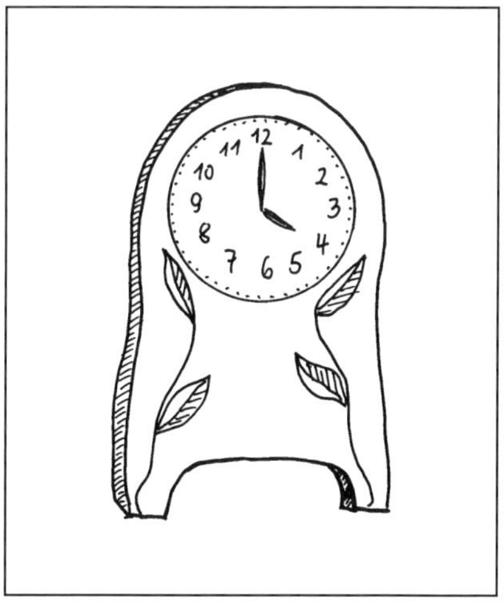

The mouse is under the clock.

Thema

The family

Material Handpuppe, OHP, Folie 2, Arbeitsblatt, Stifte, Wörterliste

Wörter/Sätze

daughter, son, *children, mother, father, sister, brother, he, she, his, her; I have got a ...*

Ablauf

Lied: Five in the Bed (mit Bewegungen)

⇨ L zeigt **Folie 2**: *Do you remember the Turner family?*
K wiederholen mit Hilfe von H die einzelnen Familienmitglieder: *This is Tom/Judy ...*

L zeigt nacheinander auf die Personen und fragt: *Who is this?*
K antworten entsprechend.

L: *Who is Tom's sister?/Who are Judy's brothers? ...*
K: *Judy is Tom's sister./Tom and Tony are Judy's brothers. ...*

L: *Tom, Tony, and Judy are the children of Mr and Mrs Turner.*
L zeigt auf die Eltern: *This is Tom's father, Mr Turner. This is Tom's mother, Mrs Turner.*
K sprechen nach.

⇨ L führt das Wort ***son*** ein: *Tom is Mr and Mrs Turner's son.*
L nennt Beispiele aus der Klasse: *(John) is Mr and Mrs ...'s son.*
K nennen Beispiele aus der Klasse.

L: *Is Tony Mr Turner's son?* – K: *Yes, he is.*
L: *Is Judy Mr Turner's son?* – K: *No, she isn't.*

⇨ L führt das Wort ***daughter*** ein (s. o.: *son*).

L: *Is (Susan) a daughter?* – K: *Yes, she is.*
L: *Is (Peter) a daughter?* – K: *No, he isn't.*

Partnerarbeit
K stellen sich gegenseitig Fragen nach den Beispielen oben.

Gruppenarbeit (3–5 K)
K äußern sich zu ihrer Familie: *I am (Sally). I am Mrs ...'s daughter. I have got a brother. His name is ...*

Arbeitsblatt (L: *Let's read. Fill in the form.*)
L und K lesen gemeinsam. K füllen den Fragebogen aus. Sie zeichnen oder kleben später Fotos ein.

Spiel zum Lied: I Sent a Letter to My Love (s. Spiele, 4.6)

Arbeitsblatt

Name: ______________________

Fill in the form.

1. I am a girl. ☐ 

   I am a boy. ☐ 

2. My name is ______________________.

3. I am 8 ☐ 9 ☐ 10 ☐ _____ years old.

4. My address is ______________________ 

   ____

5. My phone number is ______________________. 

6. My mother's name is ______________________.

7. My father's name is ______________________.

8. I have got 0 ☐ 1 ☐ 2 ☐ _____ sister(s). 

9. I have got 0 ☐ 1 ☐ 2 ☐ _____ brother(s). 

10. I have got many friends.
    This is my best friend:

Thema

Numbers

Wörter/Sätze

sixteen, seventeen, eighteen, nineteen, twenty, *numbers (1–15)*

Material

Handpuppe, Picture cards: numbers
(s. Anhang, 6.5.1: 10–20), Arbeitsblatt, Stifte, Wörterliste

Ablauf

Lied: Ten Little Indians (mit Bewegungen)

⇨ **Tafelbild:** L zeichnet drei Hände mit ausgestreckten Fingern an die Tafel.
K wiederholen die Zahlen bis 15.

Spiel: Change Places! (s. Spiele, 4.5)
Jeder bekommt eine Zahl von 1–15 zugeteilt.

⇨ **Tafelbild:** L zeichnet eine vierte Hand an die Tafel, zeigt auf die entsprechenden Finger und nennt die Zahlen von 16 bis 20.
H und K sprechen jeweils nach.

⇨ L teilt die Bildkarten aus. Jeweils ein Kind hält seine Karte hoch. Die anderen nennen die entsprechende Zahl.

Spiel: Number-Training (evtl. in der Turnhalle)
Jedes Kind hat eine Bildkarte. L nennt eine Zahl, z. B.: *Nineteen.*
Die Kinder mit der Bildkarte „19“ machen 19 Kniebeugen oder andere Turnübungen.

Lippenspiel
L formt die Lippen lautlos zu allen neuen Zahlen. K lesen von den Lippen ab.

Partnerarbeit
K 1 schreibt K 2 eine Zahl auf den Rücken. Wenn K 2 die Zahl herausgefunden hat, wird gewechselt. L geht durch die Klasse und hilft, wenn es erforderlich ist.

Spiel: What's My Number? (s. Spiele, 4.2)
Es wird eine Zahl zwischen 1 und 20 an die Tafel geschrieben.

Arbeitsblatt (L: *Let's read. Match the pictures with the words.*)
L und K lesen gemeinsam. K verbinden die Zahlwörter mit den entsprechenden Abbildungen.

Lied: Goodbye

51	Arbeitsblatt	Name:

Match the pictures with the words.

Thema

The house/Drinks

Material

Handpuppe, OHP, Folie 4, CD-Player mit CD 1, Liederblatt, Teebeutel, Teekanne, Stifte, Wörterliste

Wörter/Sätze

kitchen, kettle;
I can see/drink …;
I like …; has got,
house, chair, table,
door, window,
drinks …

Ablauf

Lied: Five Brown Teddies

L zeigt **Folie 4**: *This is Polly and that is her little kitchen. What can you see in the kitchen?*
K mit Hilfe von H: *I can see a chair, a table …*
L: *Look, this is a kettle.*
H: *Oh yes, this is a kettle. What is it, children?*
K: *It is a kettle.*

L zeigt auf verschiedene Gegenstände und fragt: *Is this the kettle/table …?*
K: *Yes, it is./No, it isn't.*

L erklärt: *Polly needs the kettle to boil water, because she wants to drink tea.* (L zeigt einen Teebeutel und eine Teekanne und unterstützt mit entsprechender Mimik und Gestik.) *English people like to drink tea. What else can you drink?*
K zählen bekannte Getränke auf: *I can drink water, milk, orange juice …*
L: *I like water. What do you like?*
H: *I like juice. What do you like, (Susan)? …*

Gruppenarbeit (4 K)
K spielen nach den Regel des Spiels „Kofferpacken" zum Thema **drinks**, z. B.:
K 1: *I like tea.* K 2: *I like tea and water.* K 3: *I like tea, water, and milk.*
K 4: *I like tea, water, milk, and orange juice.*

L führt ein neues Lied ein: 14. Polly, Put the Kettle On (s. Tipps, S. 10).

L: *Tell about Polly and her kitchen!*
K beschreiben in mehreren Sätzen, was sie auf der **Folie** sehen: *This is Polly. This is her kitchen. Polly has got a kettle …*

Liederblatt (L: *Colour the picture.*)
K malen das Bild an.

Lied: Polly, Put the Kettle On

52 Lied: Polly, Put the Kettle On

FOLIE 4

Thema
Clothes/Colours

Wörter/Sätze

clothes, shorts, dress, skirt, wardrobe, *cap, T-shirt, sweater, socks, trousers, this is/these are …, colours …*

Material Handpuppe, OHP, Folie 5, Folienschreiber, Arbeitsblatt, Stifte, Wörterliste

Ablauf

Lied: Hickory, Dickory, Dock (mit Bewegungen)

L zeigt **Folie 5**: *This is a wardrobe.*
H und K sprechen nach.
L: *Here are many clothes. You know some of them.*
L zeigt auf bekannte Kleidungsstücke und fragt: *What is it?/Is this a …?*
K antworten entsprechend.

L zeigt auf die neuen Kleidungsstücke: *This is a dress, these are shorts …*
H und K sprechen jeweils nach.

L: *T-shirts, sweaters, and shorts are clothes. You put the clothes in the wardrobe. Tell me some clothes!*
K nennen jeweils zwei oder drei Kleidungsstücke, z. B.: *Skirts and sweaters are clothes.*

L schreibt die Wörter zu den Kleidungsstücken auf die **Folie**.
K lesen die Wörter im Chor.

L: *Show me your trousers, sweaters …!*
K zeigen jeweils auf ihre Kleidung.
L fragt nach den Farben, z. B.: *What colour is your sweater, (Mary)?*
K: *My sweater is …*

Reim: Pretty Little Dutch Girl

L fragt einige Kinder nach bestimmten Kleidungsstücken: *(Tom), have you got a T-shirt?*
K antwortet in mehreren Sätzen: *Yes, I have. My T-shirt is (green and red). I like my T-shirt.*

Partnerarbeit
K stellen sich gegenseitig Fragen nach ihren Kleidungsstücken und antworten entsprechend.

Spiel: Change Places! (s. Spiele, 4.5)
Jeder bekommt ein Kleidungsstück zugeteilt.

Arbeitsblatt (L: *Let's read. Match the clothes with the words. Colour the picture.*)
L und K lesen gemeinsam. K verbinden die Abbildungen mit den entsprechenden Wörtern. Sie malen das Bild an.

Lied: Polly, Put the Kettle On

53	Arbeitsblatt	Name:

Match the clothes with the words.

KOPIERVORLAGE

Thema

The house

Material

Handpuppe, OHP, Folie 6, Folienschreiber,
Tuch, Arbeitsblatt, Stifte, Wörterliste

Wörter/Sätze

room, bedroom, living room, bathroom, children's room, *kitchen, table, chair, clock, bed; I can see …*

Ablauf

Lied: Polly, Put the Kettle On

⇨ L zeigt **Folie 6**: *Look, this is Jim's and Mary's house.*
Their house is much bigger than Polly's house. (L unterstützt mit Gestik.)
Here is the kitchen and there is the bedroom.
H und K sprechen nach.
L zeigt auf Küche/Schlafzimmer und fragt danach: *Now, what is this?*
K: *This is the kitchen/bedroom.*

L: *Look, this is the bathroom and that is the living room.*
H und K sprechen nach.
L: *And that is the children's room.*
H und K sprechen nach.

L zeigt auf bestimmte Zimmer und fragt: *Is it the (bathroom)?*
K: *Yes, it is./No, it isn't.*

⇨ L schreibt die Wörter zu den entsprechenden Abbildungen auf die **Folie**.
K lesen die Wörter im Chor.

Lied: Five in the Bed
Bewegungen zum Lied:
Zu Beginn stehen 5 Kinder vor der Klasse. Bei ***roll over*** drehen sie sich jeweils um die eigene Achse und eins „fällt aus dem Bett" (geht an seinen Platz). In der 5. Strophe, wenn nur noch ein Kind vorne steht, streckt sich das Kind genüsslich.

⇨ L zeigt auf die **Folie** und fragt: *Where is Mary and where is Jim?/Where can you see a table/chair/bed/clock?*
K antworten entsprechend.

Spiel zum Lied: I Sent a Letter to My Love (s. Spiele, 4.6)

Arbeitsblatt (L: *Let's read. Colour the picture.*)
L und K lesen gemeinsam. K malen das Bild an.

Lied: Hickory, Dickory, Dock (mit Bewegungen)

54	Arbeitsblatt	Name:

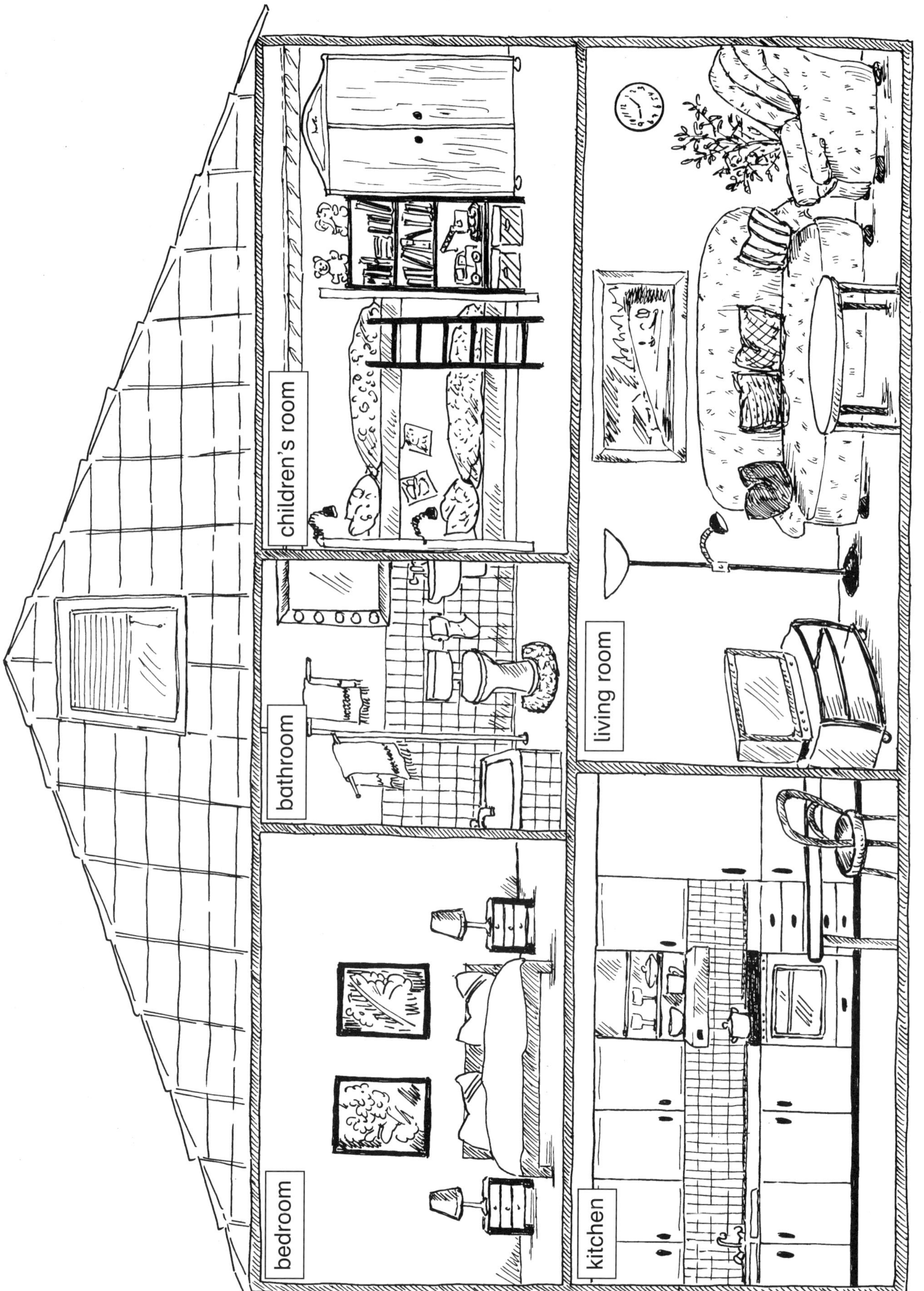

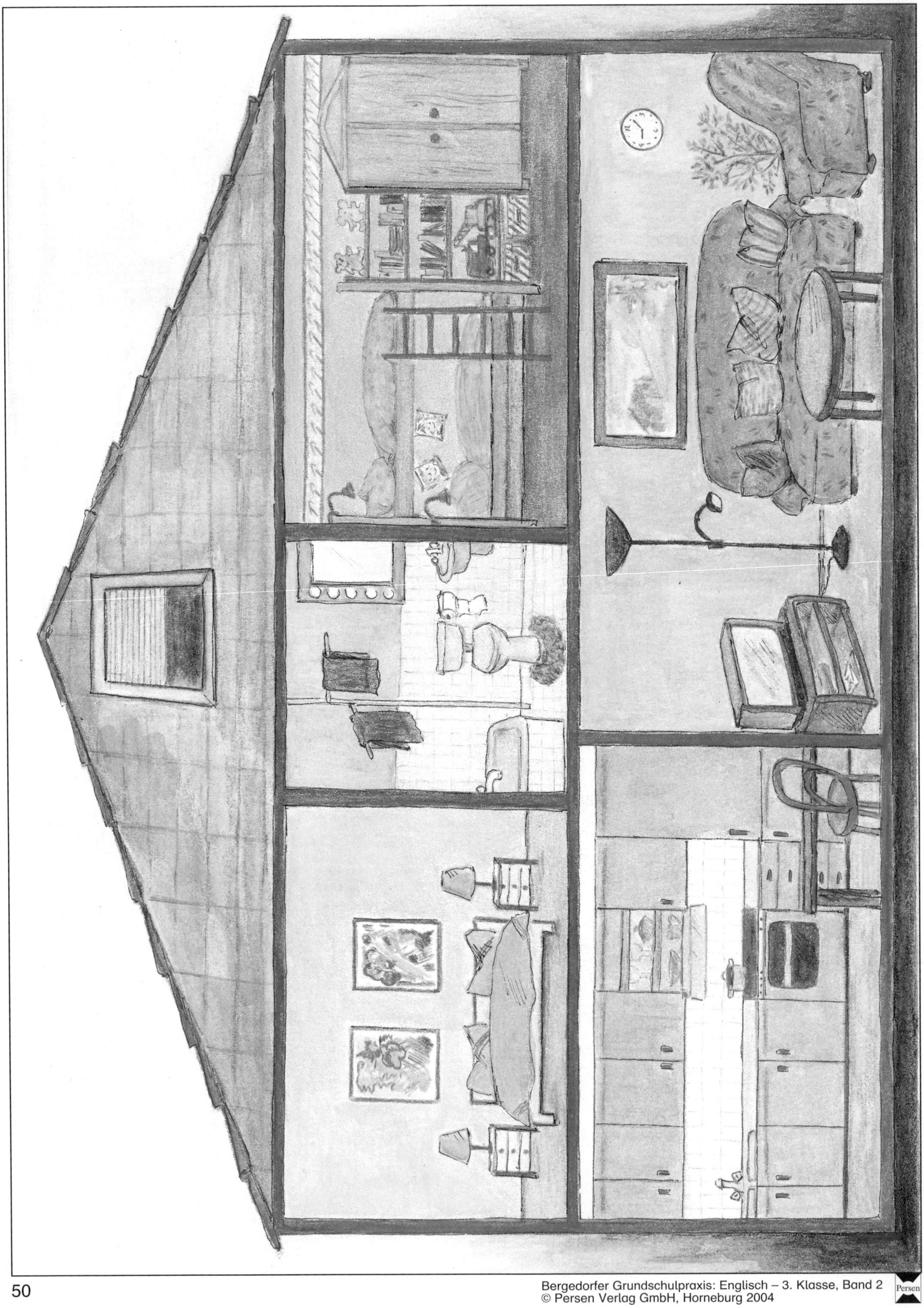

Thema

Easter/Colours

Material

Handpuppe, farbige Eier, Korb mit Rosinenbrötchen (buns), englisches Spielgeld, CD-Player mit CD 1, Materialblatt: Easter cards (auf Tonpapier kopiert), evtl. Liederblatt, Schere, Stifte, Wörterliste

Wörter/Sätze

egg, bun; That makes (two pennies); *colours …*

Ablauf

Lied: Are You Sleeping, Lilly Long? (mit Bewegungen)

⇨ **Englische Bräuche zu Ostern** (s. Anhang, 6.2.1)
L berichtet, wie Ostern in England gefeiert wird. H ergänzt evtl. einiges auf Englisch, was dann von L auf Deutsch wiederholt wird.

L führt ein neues Lied ein: 15. Hot Cross Buns (s. Tipps, S. 10).
Spielhandlung zum Lied:
Ein Kind geht mit einem Korb voll Rosinenbrötchen in der Klasse umher. Wenn das Kind (K 1) vor einem Mitschüler (K 2) stehen bleibt, unterbrechen alle ihren Gesang und die beiden führen folgendes Gespräch (evtl. mit Hilfe von H):
K 2: *Two buns, please.*
K 1 gibt K 2 die Brötchen: *Here you are. That makes two pennies, please.*
K 2 bezahlt mit Spielgeld: *Thank you. Goodbye.*

⇨ L wiederholt anhand von verschiedenfarbigen Ostereiern die Farben.

Gruppenarbeit (3–6 K)
Jede Gruppe hat mehrere farbige Ostereier. K stellen sich gegenseitig Fragen nach den Farben der Eier: *What colour is this egg?/Is this egg (blue)?*

Fantasiereise
L: *Now let us make a fantasy journey. You may take off your glasses, if you want, and put your heads on your arms. You shut your eyes and take a deep breath. Now you relax.*
It is Easter Sunday morning. You are standing in the garden looking around.
Suddenly you see there a little rabbit … (lange Pause)
Now we'll end our fantasy journey. Open your eyes, take another deep breath, and stretch yourselves.

Materialblatt: Easter cards (L: *Let us make Easter cards.*)
K malen die Karten an und schneiden sie aus.

Lied: Ten Little Indians (mit Bewegungen)

55 Material: Easter cards

KOPIERVORLAGE

Bergedorfer Grundschulpraxis: Englisch – 3. Klasse, Band 2

55 Lied: Hot Cross Buns

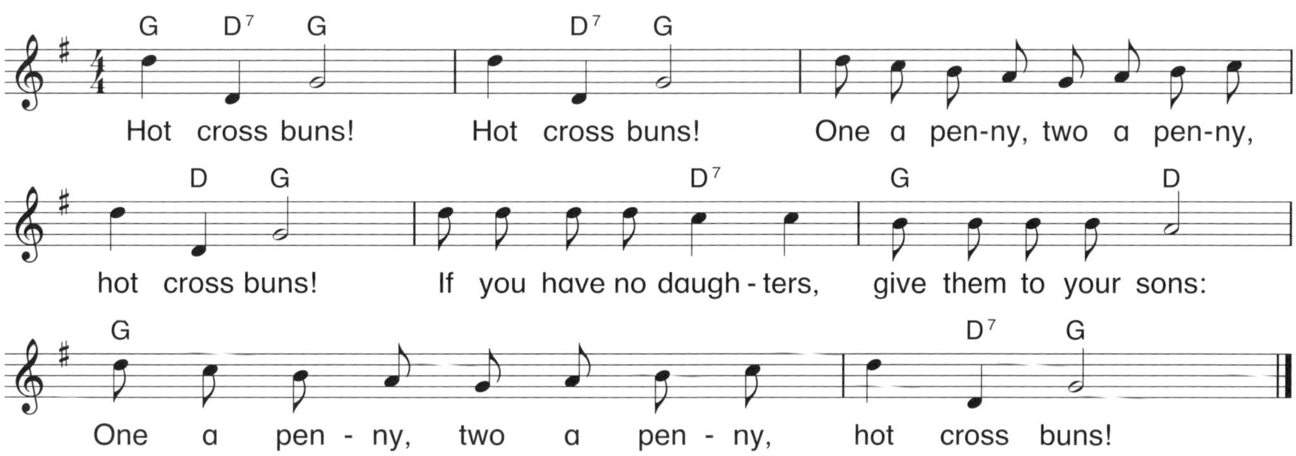

Thema

Easter/Prepositions

Material

Handpuppe, OHP, Folie 7, Korb mit bunten Ostereiern, Arbeitsblatt, Stifte, Wörterliste

Wörter/Sätze

basket, *egg, school things …, colours …, prepositions …*

Ablauf

Lied: Hot Cross Buns

⇨ L: *Look, what's there in my basket! A lot of eggs! Where are the eggs?*
H: *The eggs are in the basket.*
K sprechen nach.

L zeigt **Folie 7** und erzählt zu den Bildern die **Ostergeschichte: Easter at Sunday School**

Peter and Jill were on their way to Sunday school. It was Easter Sunday morning.
"I wonder if we will have an egg hunt today", said Peter, "or maybe we can roll our eggs down the hill as last year." He was quite excited.
Jill had got new red shoes, she skipped and jumped all the way. She said: "Oh yes, that would be great. I love hunting eggs!"
Miss Jennings, the Sunday school teacher, greeted them at the church gate. She led all the children to the hall. There she told them the story of Easter and they sang an Easter song.
After that Peter asked: "Miss Jennings, can we play a game, please, with these boiled eggs?" "Of course we can", answered Miss Jennings. "We will hunt the eggs."
She gave each child a small basket and sent them off to find the eggs she had hidden in the garden. Each child had to find two eggs.
Only five minutes later Peter came back. "Well done, Peter", said Miss Jennings, "you are the first who has found his eggs."
Within a short time all the others had returned with their eggs.
Then they all went up a grassy slope in order to let their eggs roll down.
It was Jill's egg that went the furthest without breaking. She was very happy, because she was the winner of the day.

Spiel: Egg Hunt
Einige Kinder werden vor die Tür geschickt. Die anderen verstecken ein paar Ostereier in der Klasse. Danach werden die Kinder wieder hereingerufen und suchen die Eier.

⇨ L legt farbige Ostereier auf einen Tisch, unter einen Stuhl … und fragt: *Where is the (red) egg and where is the (blue) egg?* – K: *The (red) egg is on the table …*

Gruppenarbeit (3–6 K)
Jede Gruppe bekommt einige Eier. K legen sie auf, unter … verschiedene Gegenstände und fragen sich gegenseitig: *Where is the (yellow) egg? …*

Arbeitsblatt (L: *There are sixteen Easter eggs hidden in the garden. Can you find them? Colour the picture.*)
K suchen die versteckten Eier und malen das Bild an.

Reim: Jack and Jill

There are sixteen Easter eggs hidden in the garden.
Can you find them?

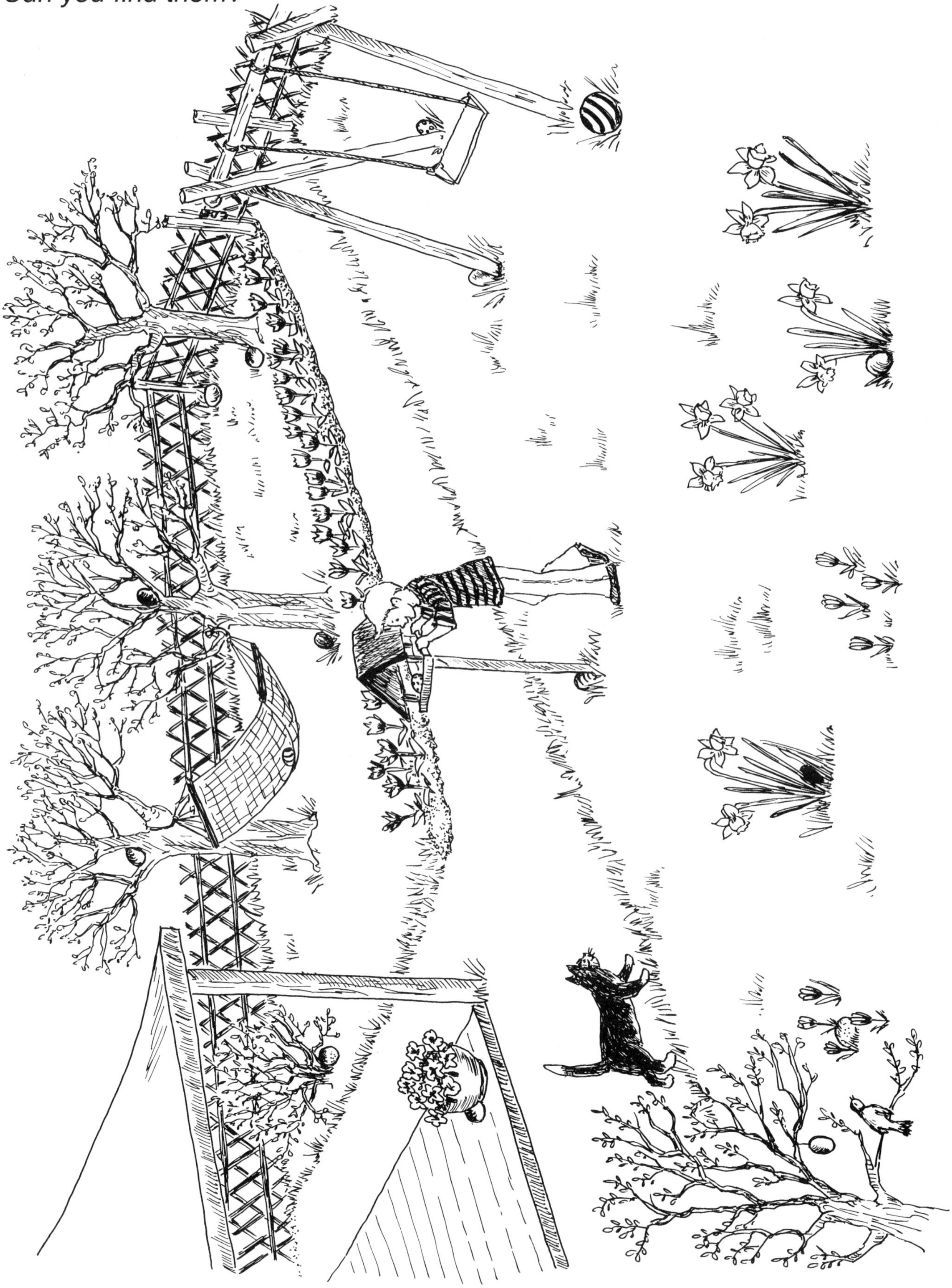

Thema

Zoo animals/Pets

Material

Handpuppe, OHP, Folie 8a, Folienschreiber, mitgebrachte Stofftiere der Kinder, Word cards: zoo animals (s. Anhang, 6.3.4: bear, monkey, lion, hippo), Word cards: pets (s. Anhang, 6.3.2), Arbeitsblatt, Stifte, Wörterliste

Wörter/Sätze

zoo, bear, monkey, lion, hippo, *rabbit, dog, cat, mouse, bird, fish, hamster, guinea-pig, animal; Have you got a …?; colours …*

Ablauf

Lied: Hickory, Dickory, Dock (mit Bewegungen)

⇨ K haben ihre mitgebrachten Stofftiere vor sich liegen.
L: *Let me see your animal, (Susan). Oh, how nice it is! What's its name?*
K stellen ihre Tiere vor, z. B.: *This is Leo. Leo is orange. I like Leo very much.*

⇨ L zeigt **Folie 8a (oben)**: *Here you can see some animals at the zoo. This is a bear/monkey …*
H und K sprechen jeweils nach.
L zeigt auf bestimmte Tiere und fragt z. B.: *Is it a monkey?*
K: *Yes, it is./No, it isn't.*

Spiel: What's Missing?
Die Kinder sitzen im Stuhlkreis. In der Mitte liegen die mitgebrachten Stofftiere (s. Wörter).
Ein Kind wird vor die Tür geschickt. Bevor es wieder hereingerufen wird, entfernen die anderen ein Stofftier.
Das Kind muss erraten, welches Tier fehlt: *What's missing?*
Es fragt z. B.: *Is it the lion?* oder ruft: *It's the rabbit!*
Danach ist ein anderes Kind an der Reihe.

⇨ Jedes Kind erhält eine Wortkarte und legt sie verdeckt vor sich auf den Tisch.
K fragen sich gegenseitig nach ihren Tieren: *Have you got a (cat), (Tom)?*
K: *Yes, I have./No, I haven't.*

Spiel: Animal Painter
Während L oder ein Kind ein Tier an die Tafel zeichnet, versuchen die anderen es so schnell wie möglich zu erraten. Jedes Kind darf aber nur einmal raten.
K: *Stop! Is it a (lion)? – Yes, it is./No, it isn't.*
Wer das Tier als Erster nennt, geht an die Tafel und zeichnet das nächste Tier.

⇨ L schreibt die Wörter zu den entsprechenden Abbildungen auf die **Folie 8a**.
K lesen die Wörter im Chor.

Arbeitsblatt (L: *Match the words with the animals.*)
K verbinden die Wörter mit den entsprechenden Abbildungen.

Lied: Polly, Put the Kettle On

57	Arbeitsblatt	Name:

Match the words with the animals.

Animals

KOPIERVORLAGE

Thema **Toys**

Material Handpuppe, großer Sack mit Spielsachen (s. Wörter), englisches Spielgeld, Preisschilder (s. Material: Price-tags), Arbeitsblatt, Stifte, Wörterliste

Wörter/Sätze

toy, lorry;
Can I help you?;
How much is it?;
I would like …;
Here you are!;
car, doll, lion, mouse …

Ablauf

Reim: Teddy Bear, Teddy Bear

⇨ L legt den Sack auf den Tisch.
H: *What a big bag! What's in it?*
L: *Let's have a look.*
H schaut in den Sack: *Oh, how nice, so many things! Children, come and feel!*
K erraten durch Tasten, dass es sich um Spielzeug handelt.
L: *Yes, these are toys.*
K sprechen nach.

L holt die Spielsachen einzeln heraus und benennt sie: *This is a lorry ...*
K sprechen jeweils nach.
L zeigt auf bestimmte Sachen und fragt: *Is it a ...?*
K: *Yes, it is./No, it isn't.*

Spiel: Shopping
L: *Now let's play shopping. Our classroom is a toy-shop. And I am Mr/Mrs Flash, the shopkeeper. Here you can buy your favourite toys.*
K legen die Spielsachen aus und ordnen ihnen die Preisschilder zu. L verteilt das Spielgeld.
L: *But before we start, let's think about what we say in a shop.*
L klärt im Gespräch die Handlungsschritte: Begrüßung, Wunsch, Frage nach dem Preis (*How much is it?*), Verabschiedung. H hilft beim Spiel, wenn es erforderlich ist.
L: *Now you can buy something. Who begins? Oh, fine, (Susan).*
K: *Hello, Mr/Mrs Flash.* – L: *Hello, (Susan). Can I help you?*
K: *Yes, please. I would like a (blue car for my brother).* – L: *Here you are.*
K: *Thank you. How much is it?* – L: *Two pounds, please.*
K bezahlt: *Thank you. Goodbye, Mr/Mrs Flash.* – L: *Goodbye, (Susan).*
Im Anschluss daran übernehmen verschiedene Kinder die Rolle des Ladenbesitzers.

Gruppenarbeit (3–4 K)
Spielsachen und Spielgeld werden an die Gruppen verteilt. K spielen selbstständig *shopping.*

Arbeitsblatt (L: *Let's read. Count the toys.*)
L und K lesen gemeinsam.
K zählen die verschiedenen Spielsachen und schreiben die Anzahlen auf.

Lied: Five Brown Teddies

Count the toys.

______ lions

______ monkeys

______ teddy bears

______ dolls

______ cars

______ planes

______ lorries

______ mouse

____

______ altogether

Bergedorfer Grundschulpraxis: Englisch – 3. Klasse, Band 2

58 Material: Price-tags

6 £	20 £
5 £	15 £
4 £	10 £
3 £	9 £
2 £	8 £
1 £	7 £

Thema

The time of day

Material

Handpuppe, CD-Player mit CD 1, Xylophon, Fotos/Dias von London (Parlament, Themsebrücke, Westminster Abbey, Big Ben), Lernuhr, Materialblatt: clock (auf Pappe kopiert), Musterbeutelklammern, Schere

Wörter/Sätze

What time is it?;
It's … o'clock.

Ablauf

Lied: Hickory, Dickory, Dock (mit Bewegungen)

- L berichtet über London und zeigt Abbildungen (s. o.).
- **L spielt den Big Ben Stroke (16.)** zunächst auf CD vor, anschließend mehrmals auf dem Xylophon – mit unterschiedlich vielen Stundenschlägen.
  L: *What time is it?*
  K: *It's (four) o'clock.*

Jeweils ein K kommt nach vorn und ist der „Big Ben": Es stellt sich ganz gerade hin, summt die Melodie und lässt die Glocke (dong, dong ...) unterschiedlich viele Stunden schlagen. Anschließend fragt K die anderen: *What time is it?* – K nennen die entsprechenden Uhrzeiten.

- L stellt auf der Lernuhr unterschiedliche Uhrzeiten ein. K benennen die Uhrzeiten.

Spiel: What's the Time, Mr Wolf? (auf dem Schulhof oder in der Turnhalle)
Auf der einen Seite des Spielfeldes steht „Mr Wolf", auf der anderen Seite die „Häschen" (*rabbits*). Sie wollen über das freie Feld zum Bach (evtl. mit blauer Kreide aufmalen).
Die „Häschen" rufen: *What's the time, Mr Wolf?* – „Mr Wolf": *It's (two) o'clock.*
Daraufhin machen die „Häschen" (zwei) Schritte, dann fragen sie wieder nach der Uhrzeit.
Irgendwann ruft der „Wolf": *It's time to eat!,* und rennt los, um ein „Häschen" zu fangen.
Das gefangene „Häschen" ist im nächsten Spiel „Mr Wolf".

Materialblatt (L: *Let us make a clock.*)
K basteln eine Uhr.

Partnerarbeit
K stellen ihre Uhren auf volle Stunden und fragen sich gegenseitig nach den Uhrzeiten.

Lied: Goodbye

59 Material: clock

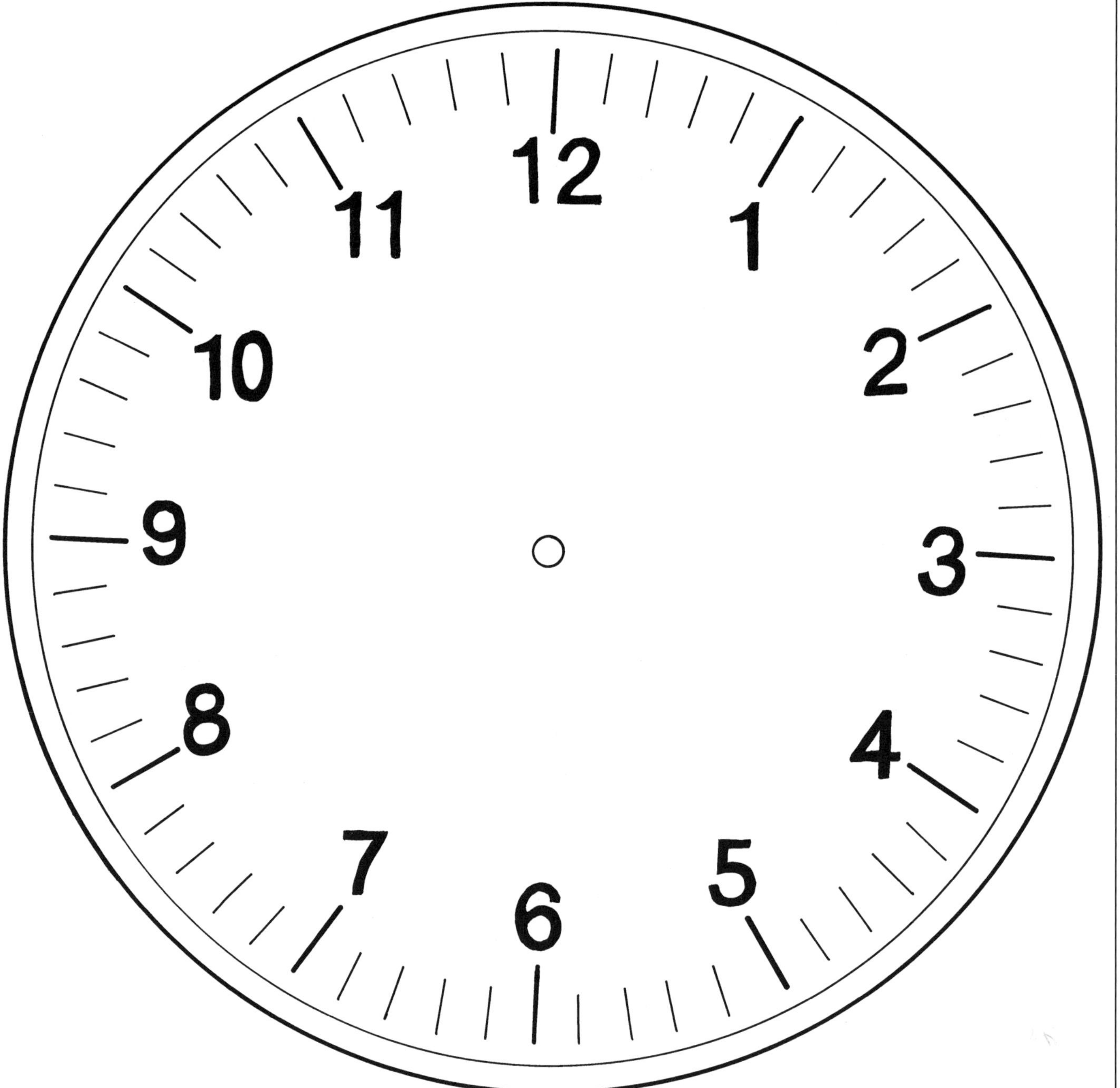

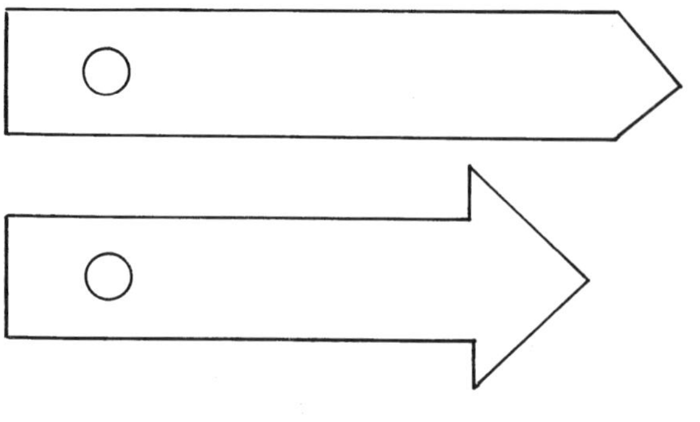

KOPIERVORLAGE

Thema

Farm animals

Wörter/Sätze

cow, sheep, horse, pig; A (cow) lives on a farm;
animal, dog, cat, bird, rabbit, mouse …

Material

Handpuppe, OHP, Folie 8b, Folienschreiber, CD-Player mit neutraler Musik-CD, Materialblatt: farm, Arbeitsblatt, Klebstoff, Schere, Stifte, Wörterliste

Ablauf

Lied: Two Little Dicky Birds
Bewegungen zum Lied:

Two little dicky birds	– Hände vor der Brust
sitting on a wall.	– Zeigefinger hoch halten
One named Peter.	– mit rechtem Zeigefinger wackeln
One named Paul.	– mit linkem Zeigefinger wackeln
Fly away, Peter!	– rechte Hand hinter dem Rücken verstecken
Fly away, Paul!	– linke Hand hinter dem Rücken verstecken
Come back, Peter!	– rechte Hand wieder nach vorne holen
Come back, Paul!	– linke Hand wieder nach vorne holen

⇨ L wiederholt die bekannten Tiere.

⇨ L zeigt **Folie 8b (unten)** und führt die neuen Tiere ein.
H und K sprechen jeweils nach.

Pantomimespiel
Jeweils ein Kind stellt ein Tier pantomimisch dar, die anderen raten: *Is it a (horse)?*

Spiel: What Animal Are You? (mit Musik)
Jedes Kind überlegt sich ein Tier und bewegt sich entsprechend durch den Klassenraum.
Wenn die Musik stoppt, erstarren alle in ihren Bewegungen.
L fragt einige Kinder: *What animal are you?* Wenn die Kinder entsprechend geantwortet haben (z. B.: *I am a pig.*), dürfen sie sich wieder bewegen.

Spiel: Change Places! (s. Spiele, 4.5)
Jeder bekommt ein Tier zugeteilt.

⇨ L: *Now let us look for the animals which live on a farm.*
H: *A cow lives on a farm.*
K sprechen nach und nennen weitere Bauernhoftiere.

⇨ L schreibt die Wörter zu den entsprechenden Tieren auf die **Folie 8b**.
K lesen die Wörter im Chor.

Arbeitsblatt und **Materialblatt** (L: *Colour the animals and the farm. Cut out the animals and stick them onto the farm picture.*)
K malen die Tiere und den Bauernhof an. Sie schneiden die Tiere aus und kleben sie an die entsprechenden Stellen des Arbeitsblattes.

Lied: Ten Little Indians (mit Bewegungen)

60	Arbeitsblatt	Name: ______________________

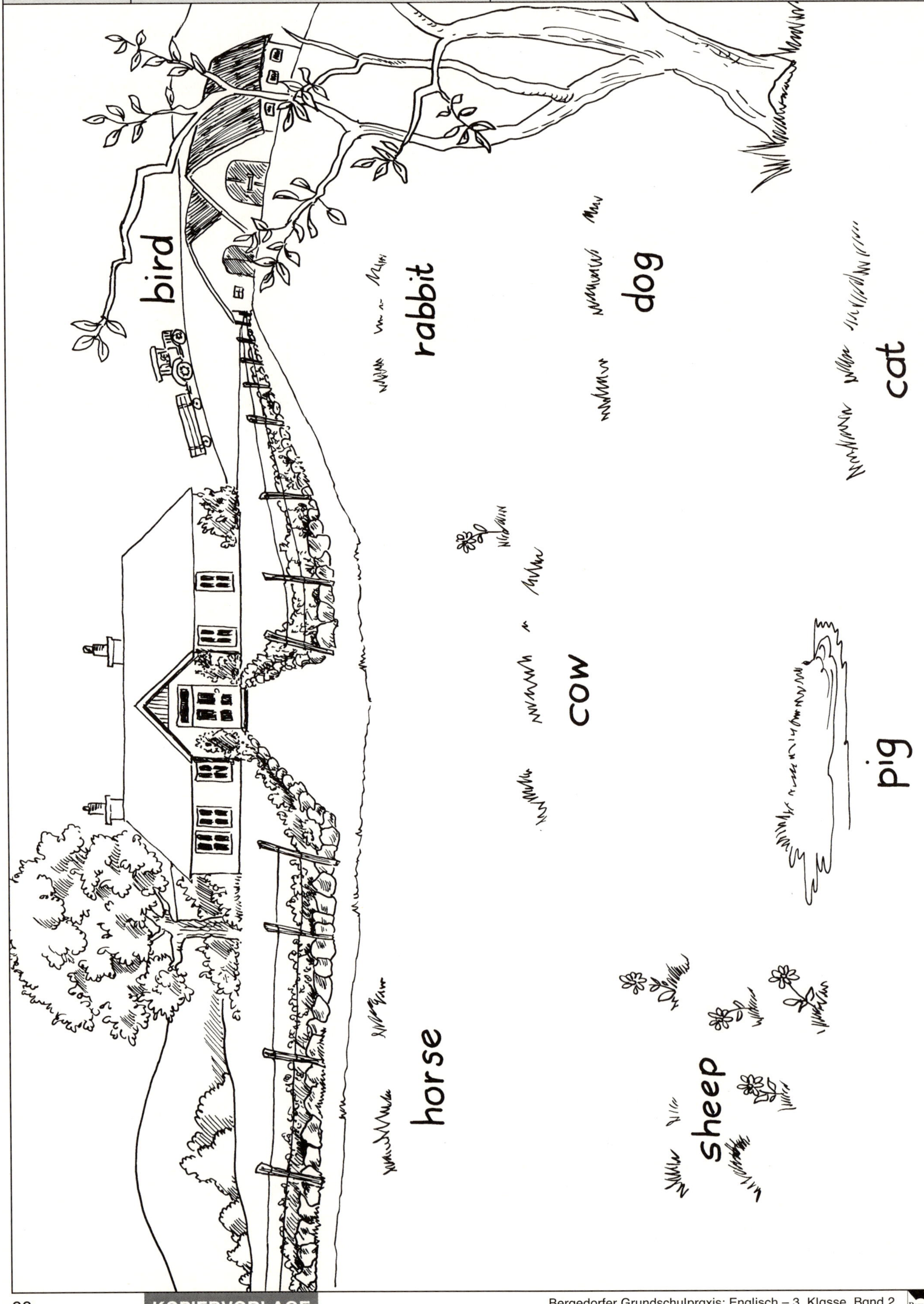

The farm

KOPIERVORLAGE

60 Material: farm

Cut out the animals and stick them onto the farm picture.

Thema

The time of day/Activities

Material

Handpuppe, OHP, Folie 9, Folienschreiber,
CD-Player mit CD 1 und neutraler Musik-CD,
Uhren der 59. Stunde, Arbeitsblatt, Stifte, Wörterliste

Wörter/Sätze

afternoon, evening, night, a.m., p.m., *morning; We are playing/reading/sleeping …; What time is it?; It is (10 o'clock p.m.); numbers …*

Ablauf

Lied: Hickory, Dickory, Dock (mit Bewegungen)

Gruppenarbeit
K stellen auf ihren Uhren volle Stunden ein und fragen sich gegenseitig nach der Uhrzeit.

⇨ L spielt den **Big Ben Stroke** auf CD vor.
Anschließend nennt L Uhrzeiten und K machen entsprechend viele Gongschläge nach.

⇨ L zeigt **Folie 9** und führt die Tageszeiten sowie die Bezeichnungen ***a.m.*** *(ante meridiem)* und ***p.m.*** *(post meridiem)* ein:
From 6 to 12 o'clock ***a.m.*** *it is* ***morning*** *and we say good morning. In the morning we have breakfast and we go to school. It's (10) o'clock a.m.*
H und K: *Good morning!*
L: *From 12 to 6 o'clock* ***p.m.*** *it is* ***afternoon*** *and we say good afternoon. We play or we visit friends or we do our homework. It's (5) o'clock p.m.*
H und K: *Good afternoon!*

Spiel: Throughout the Day
Die Kinder gehen zu Musik durch den Klassenraum. Wenn L die Musik stoppt und verschiedene Uhrzeiten nennt, sprechen K im Chor den entsprechenden Gruß und ergänzen (evtl. mit Hilfe von H) eine passende Tätigkeit, z. B.: *Good afternoon! We are playing.*

⇨ L: *From 6 to 10 o'clock* ***p.m.*** *it is* ***evening****. We say good evening. We have dinner, play, read, or watch TV. It is (9) o'clock p.m.!* – K: *Good evening!*
L: *From 10 o'clock* ***p.m.*** *to 6 o'clock* ***a.m.*** *it is* ***night****. When we go to bed, we say good night. In the night we are sleeping. It is 10 o'clock p.m. and we go to bed.*
K: *Good night!*

⇨ L schreibt die Wörter zu den entsprechenden Abbildungen auf die **Folie**.
K lesen die Wörter im Chor.

Partnerarbeit
K stellen Zeiten auf der Uhr ein nennen die Uhrzeit und den entsprechenden Gruß.

Arbeitsblatt (L: *Let's read. Match the balloons with the pictures.*)
L und K lesen gemeinsam.
K verbinden die Sprechblasen mit den entsprechenden Abbildungen der Tageszeiten.

Lied: Goodbye

Match the balloons with the pictures.

tree

Thema

The family

Material

Handpuppe, OHP, Folie 2, Folie 10, Folienschreiber, CD-Player mit neutraler Musik-CD, Word cards (s. Material: family II), Arbeitsblatt, Stifte, Wörterliste

Wörter/Sätze

grandfather, grandmother, parents, baby, *mother, father, daughter, son, brother, sister; Who are you?; I am …*

Ablauf

Lied: Five in the Bed (mit Bewegungen)

➪ L zeigt **Folie 2** und wiederholt die bekannten Mitglieder der Familie Turner: *This is Tom ...*

L zeigt auf bestimmte Personen und fragt z. B.: *Is this Tom's father?*
K: *Yes, this is Tom's father./No, this isn't Tom's father, this is Tony.*

Einzelne K sagen jeweils drei Sätze zu einer Person, z. B.: *I see Tom. He is Mr Turner's son. He is Judy's brother.*

➪ L führt mit Hilfe von **Folie 10** die neuen Vokabeln ein.
L schreibt die Wörter zu den entsprechenden Abbildungen auf die **Folie**.
K lesen die Wörter im Chor.

Spiel: Come Together, Family Turner!
Immer sieben Stühle werden als Reihen hintereinandergestellt (je nach Schülerzahl 3- oder 4-mal) und die Sitzfolge der einzelnen Familienmitglieder wird festgelegt: ganz hinten *Grandfather*, davor *Grandmother, Father, Mother, Tom, Judy* und vorn *Tony.*
Jedes Kind bekommt eine Wortkarte mit der Bezeichnung eines Familienmitglieds.
Alle gehen durch den Klassenraum und wenn L ruft: *Come together, family Turner!,* versuchen sie sich so schnell wie möglich in der richtigen Sitzordnung zu einer Familie Turner zusammenzufinden.
Das Spiel kann als Wettspiel gespielt werden: Die Familie, die zuerst komplett ist, hat gewonnen.

K gehen zu Musik mit ihren Wortkarten durch den Klassenraum. Wenn die Musik stoppt, fragen sie sich gegenseitig: *Who are you?*
K antworten ausführlich, z. B.: *I am Tom. I am Judy's brother. I am Mrs Turner's son …*

Spiel: Did You Touch Me? (s. Spiele, 4.9)

Reim: Pretty Little Dutch Girl

Arbeitsblatt (L: *Let's read. Fill in the right words.*)
L und K lesen gemeinsam. K setzen die richtigen Wörter ein.

Lied: One, Two, Three, Four, Five

62	**Arbeitsblatt**	**Name:** ______________________

Fill in the right words.

grandfather **mother** **son** **grandmother**

sister **brother** **daughter** **parents** **father**

She is Mr Turner's ______________________.

She is Tom's ______________________.

He is Mr Turner's ______________________.

He is Judy's ______________________.

He is Grandmother's ______________________.

They are Tom's, Judy's, and Tony's

______________________.

He is Tony's and Judy's ______________________.

He is Mrs Turner's ______________________.

She is Tom's and Tony's ______________________.

She is Mr Turner's ______________________.

He is Tom's and Judy's ______________________.

 KOPIERVORLAGE

62	Material: family II

Father	**Mother**
Grandfather	**Grandmother**
Tom – son / brother	**Tony** – son / brother
Judy – daughter / sister	

FOLIE 10

Thema

Farm animals

Material

Handpuppe, CD-Player mit CD 1, Picture cards: farm animals (s. Anhang, 6.3.5: s. Wörter), Arbeitsblatt, evtl. Liederblatt, Stifte, Wörterliste

Wörter/Sätze

farm, sheep, cow, horse, pig, dog, cat, rabbit, colours ..., clothes ...

Ablauf

Lied: Ten Little Indians (mit Bewegungen)

⇨ L wiederholt anhand der Kleidungsstücke von K die Farben: *What colour is (your dress)?/Is (Sarah's) T-shirt green? ...*

L führt ein neues Lied ein: 17. Baa, baa, Black Sheep (s. Tipps, S. 10).
Zwei Jungen und ein Mädchen stellen sich vor die Klasse und verkörpern ***master, boy*** und ***dame***. An den entsprechenden Stellen des Liedes zeigen die anderen Kinder auf die drei.

Spiel: Tip-Top
Die Kinder sitzen im Stuhlkreis und jedes bekommt ein Tier (Bildkarte) zugeteilt.
Ein Kind steht in der Mitte. Es wendet sich einem Mitschüler im Kreis zu und ruft: ***Tip*** bzw. ***Top***.
Bei ***Tip*** muss das angesprochene Kind das Tier des linken Nachbarn nennen, bei ***Top*** das Tier des rechten Nachbarn.
Ist die Antwort richtig, bleibt das Kind in der Mitte stehen. Wenn die Antwort falsch ist, geht das linke bzw. rechte Kind in die Mitte. Bei ***Tip-Top*** wechseln alle Kinder die Plätze.

Spiel: Change Places!
Die Kinder sitzen im Stuhlkreis. L teilt jedem den Namen eines Tieres zu: *(Peter, Mary, Susan, Tom), you are **sheep**. (John, Jim, Betty, Anne), you are **horses** ...*
Wenn alle ihr Tier kennen, beginnt das Spiel. L ruft z. B.: ***Horses** and **cows** change places!*
Daraufhin wechseln alle Pferde und Kühe ihre Plätze.
Wenn L ruft: ***All animals** change places!*, springen alle Kinder auf und suchen sich einen neuen Platz.
Noch reizvoller wird das Spiel, wenn ein Stuhl weniger als Spieler vorhanden ist. Dann gibt das übrig gebliebene Kind den Befehl zum nächsten Wechsel.

Arbeitsblatt (L: *Let's read. Colour the picture and count the animals on the farm.*)
L und K lesen gemeinsam. K malen das Bild an und zählen die Tiere auf dem Bauernhof.

L stellt Fragen zum Arbeitsblatt, z. B.: *How many cows are on the farm, (Tom)?/What colour is your dog?*
K: *On the farm are three cows./My dog is black.*

(L weist auf die Besonderheit der Pluralform bei ***sheep*** hin. Evtl. vergleichen K die Pluralbildung in der englischen und der deutschen Sprache.)

Lied: Baa, baa, Black Sheep

63	Arbeitsblatt	Name: ______________

How many animals are on the farm?
Count them!

_____ cows

_____ sheep

_____ horses

_____ pigs

_____ cats

_____ rabbits

_____ dog

_____ animals

The farm

KOPIERVORLAGE

63 Lied: Baa, baa, Black Sheep

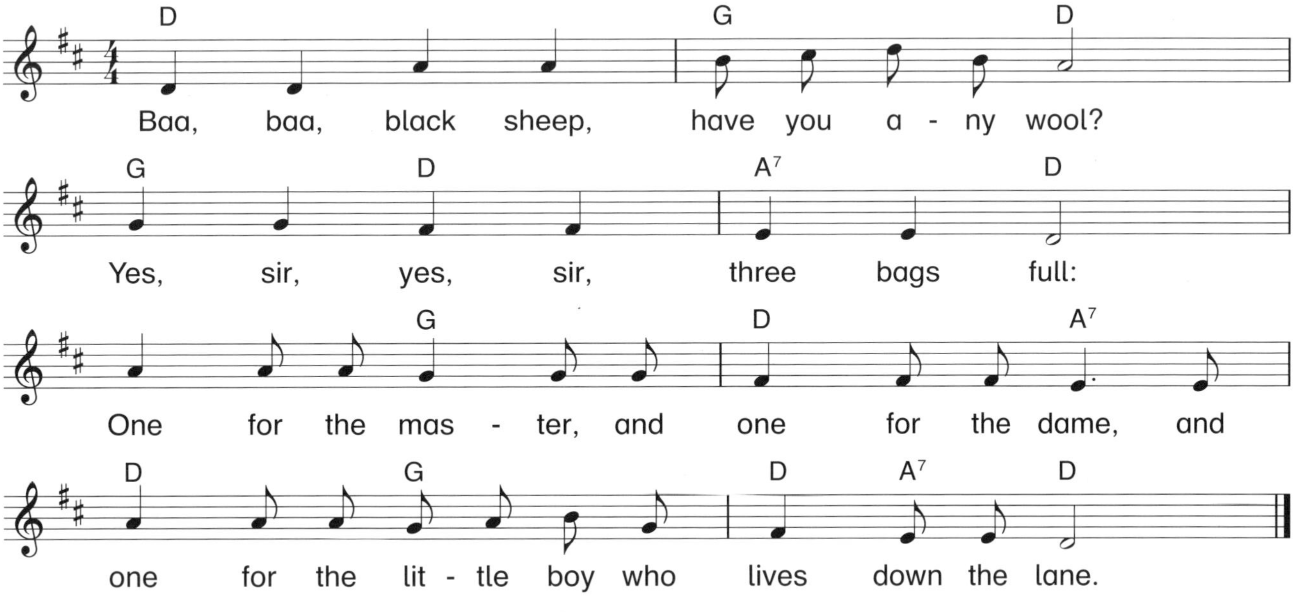

Thema

Numbers

Material

Handpuppe, CD-Player mit CD 1, Bingotafeln (s. Material: Bingo, auf Pappe kopiert), Arbeitsblatt 1, evtl. Arbeitsblatt 2, Stifte, Wörterliste

Wörter/Sätze

twenty-one … thirty,
numbers (1–20), plus, minus

Ablauf

Lied: One, Two, Three, Four, Five

⇨ L wiederholt die Zahlen bis 20.

⇨ **Tafelbild**: Zahlenstrahl-Ausschnitt von 20 bis 30.
L führt die neuen Zahlen ein. H und K sprechen nach.
K zählen mehrmals von 20 bis 30.

Lippenspiel
L formt die Lippen lautlos zu den neuen Zahlen. K lesen von den Lippen ab.

Spiel: One, Two, Three (s. Spiele, 4.11.1)

Partnerarbeit
K schreiben sich gegenseitig Zahlen auf den Rücken, die sie erraten sollen.

Spiel: Bingo
Jedes Kind erhält eine Bingotafel, in die es jeweils neun Zahlen zwischen 1 und 30 einträgt. (Keine Zahl darf doppelt sein.) L oder H nennt Zahlen. K, die diese Zahlen auf ihrer Tafel haben, streichen sie durch. Das Kind, das zuerst drei Zahlen in einer Reihe (waagerecht, senkrecht oder diagonal) durchgestrichen hat, ruft: *Bingo!*

L führt einen neuen Reim ein: 36. One, Two, Buckle My Shoe! (s. Tipps, S. 10).

One, two, buckle my shoe;
three, four, knock on the door;
five six, pick up sticks;
seven, eight, lay them straight;
nine, ten, my fat hen;
eleven, twelve, dig and delve;
thirteen, fourteen, maids a-courting;
fifteen, sixteen, maids in the kitchen;
seventeen, eighteen, maids in waiting;
nineteen, twenty, my plate's empty.

Arbeitsblatt 1 (L: *Let's read. Match the numbers with the words.*)
L und K lesen gemeinsam. K verbinden die Zahlen mit den Zahlwörtern.

Evtl. **Arbeitsblatt 2** (L: *Colour the picture.*)
K malen das Bild an.

Lied: Five Brown Teddies

64	Arbeitsblatt 1	Name:

Match the numbers with the words.

twenty-three

twenty-five

twenty-one

twenty-six

twenty-four

thirty

twenty-two

twenty-eight

twenty-nine

twenty-seven

64	Arbeitsblatt 2	Name:

One, two, buckle my shoe;
three, four, knock on the door;
five, six, pick up sticks;
seven, eight, lay them straight;
nine, ten, my fat hen;
eleven, twelve, dig and delve;
thirteen, fourteen, maids-a-courting;
fifteen, sixteen, maids in the kitchen;
seventeen, eighteen, maids in waiting;
nineteen, twenty, my plate's empty.

Thema

Zoo animals

Material

Handpuppe, OHP, Folie 11, Folienschreiber, CD-Player mit CD 1, Picture cards: zoo animals (s. Anhang, 6.3.3), Arbeitsblatt, evtl. Liederblatt, Stifte, Wörterliste

Wörter/Sätze

crocodile, giraffe, camel, kangaroo, elephant, tiger,
lion, monkey, bear, hippo; I'm not a (lion), I'm a (tiger)!

Ablauf

Lied: Baa, baa, Black Sheep

⇨ L zeigt **Folie 11** und führt die neuen Vokabeln ein.

L fragt nach den neuen Tieren: *What's the name of this animal?/Is this a tiger? ...*
K: *This is a (kangaroo)./Yes, it is./No, it isn't.*

Lippenspiel
L formt die Lippen lautlos zu den neuen Tieren. K lesen von den Lippen ab.

Pantomimespiel
Jeweils ein Kind kommt nach vorn. L zeigt ihm auf einer Bildkarte ein Tier, das es pantomimisch darstellen soll. Die anderen Kinder raten, um welches Tier es sich handelt.
K: *Are you a (lion)? – Yes, I am./No, I am not.*

Spiel: At the Zoo
Jedes Kind denkt sich ein Tier aus, das es gern sein möchte. Es bewegt sich entsprechend durch das Klassenzimmer.
Der „Zoodirektor“ (L oder ein anderes Kind) kommt, streichelt die „Tiere“ und begrüßt sie nacheinander: *Good morning, my dear (lion) ...*
Aber er vertut sich oft dabei und spricht die „Tiere“ falsch an. In dem Fall geben die Kinder einen ihrem Tier entsprechenden Laut von sich und antworten: *Oh no, I'm not a (lion), I' m a (tiger)!*
Anschließend gehen die „Tiere“ zurück in ihren „Käfig“.

Spiel: Fantasy Animal
Jeweils ein Kind kommt an die Tafel und malt einen typischen Körperteil eines bestimmten Tieres, z. B. einen Elefantenrüssel. Das Kind, das als Erstes das entsprechende Tier nennt, geht als Nächstes an die Tafel und ergänzt einen Körperteil eines anderen Tieres, z. B. einen Tigerkopf, usw.

L führt ein neues Lied ein: 18. One Little Elephant (s. Tipps, S. 10).
(Die Strophen dazu sind beliebig erweiterbar.)

⇨ L schreibt die Wörter zu den entsprechenden Abbildungen auf die **Folie**.
K lesen die Wörter im Chor.

Arbeitsblatt (L: *Match the words with the parts of the fantasy animals.*)
K verbinden die Tiernamen mit den entsprechenden Körperteilen der Fantasietiere.

Lied: Goodbye

65	Arbeitsblatt	Name:

Match the words with the parts of the animals.

Bergedorfer Grundschulpraxis: Englisch – 3. Klasse, Band 2

65 Lied: One Little Elephant

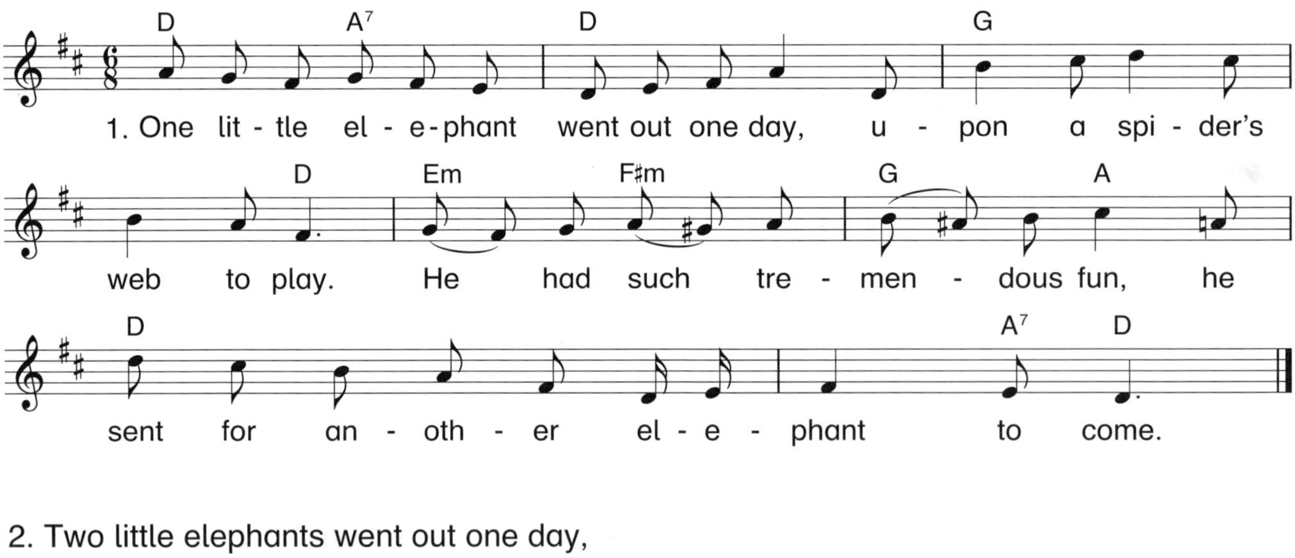

2. Two little elephants went out one day,
upon a spider's web to play.
They had such tremendous fun,
they sent for another elephant to come.

3. Three little elephants … usw.

Thema

Animals/The weather

Material

Handpuppe, CD-Player mit CD 1, Picture cards: pets, zoo animals (s. Anhang, 6.3.1, 6.3.3), Arbeitsblatt und Materialblatt: Incey Wincey Spider, evtl. Liederblatt, Stifte, Schere, Klebstoff, Wörterliste

Wörter/Sätze

spider, spout, sun, rain, climbing up, *animals …*

Ablauf

Lied: One Little Elephant

⇨ Jedes Kind erhält eine Bildkarte. Nacheinander zeigen sie ihre Karte und nennen ihr Tier.

Spiel: Change Places! (s. Spiele, 4.5)
Jeder bekommt ein Tier zugeteilt.

L führt ein neues Lied ein: 19. Incey Wincey Spider (s. Tipps, S. 10).
L hat dazu **Tafelbilder** vorbereitet und erklärt den Inhalt des Liedes mit entsprechender Gestik.

- Spinne: *This is a spider.*
- Bild 1: kleines Haus mit Regenrohr, Sonnenschein: *This is a small house with a big spout. The sun is shining.*
  L zeichnet Spinne ans Regenrohr: *Look, there is Incey Wincey Spider. She is climbing up the spout.*
- Bild 2: wie Bild 1, nur statt Sonne Wolken: *Clouds are coming and it starts to rain.*
  L zeichnet Regentropfen. *Oh, dear, the spider is washed out!*

Zum Schluss zeigt L wieder auf Bild 1: *Now the sun is shining again. It dries up all the rain and our little spider is climbing up again.*
L und K sprechen über die Geschichte und wiederholen einige englische Wörter.

Bewegungen zum Lied:

Incey Wincey Spider climbing up the spout.	– durch Drehen der Hände und abwechselndes Berühren von Zeigefinger und Daumen „klettert" die Spinne nach oben
Down came the rain and washed the spider out.	– Finger machen fallende Regentropfen nach
Out came the sunshine and dried up all the rain.	– gebogene Arme stellen die Sonne dar
Incey Wincey spider climbing up again.	– wie oben

Arbeitsblatt und **Materialblatt** (L: *Let's read. Colour the pictures. Cut them out and stick them beside the matching sentences.*)
L und K lesen gemeinsam. K malen die Bilder auf dem Materialblatt an und schneiden sie aus. Sie kleben sie an die passenden Stellen des Arbeitsblattes.

Lied: Incey Wincey Spider (mit Bewegungen)

66	Arbeitsblatt	Name:

The spider is climbing
up the spout.

It is raining.
The spider is washed out.

The sun comes out.
It dries up all the rain.

The spider is climbing
up the spout again.

66	Material: Incey Wincey Spider

1. *Colour the pictures.*
2. *Cut them out.*
3. *Stick them beside the matching sentences onto your worksheet.*

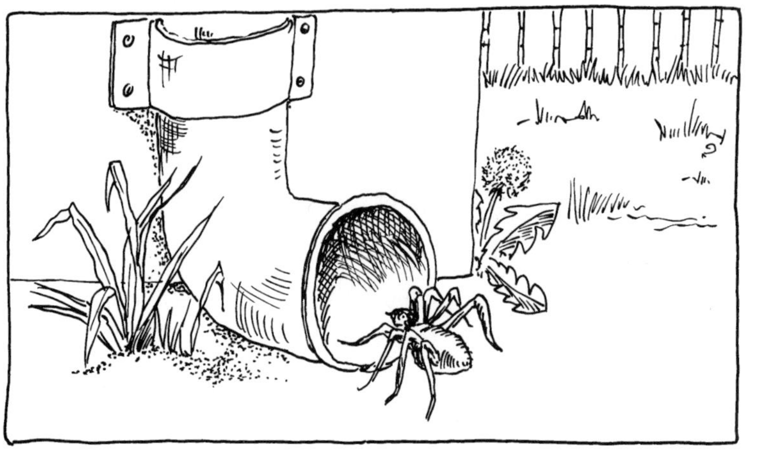

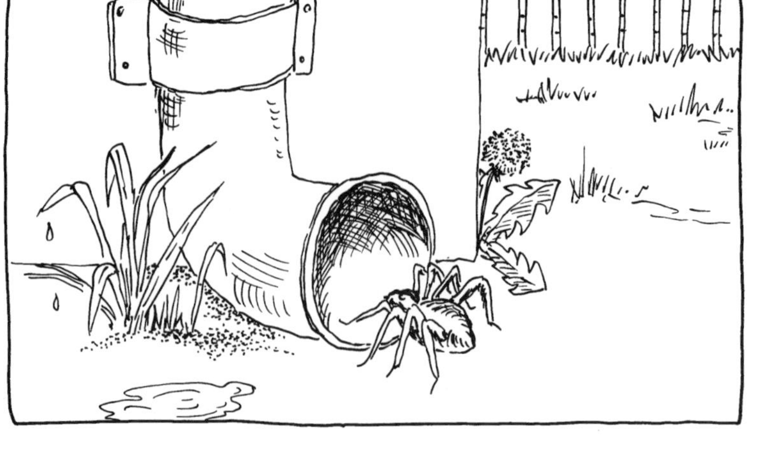

KOPIERVORLAGE

66 Lied: Incey Wincey Spider

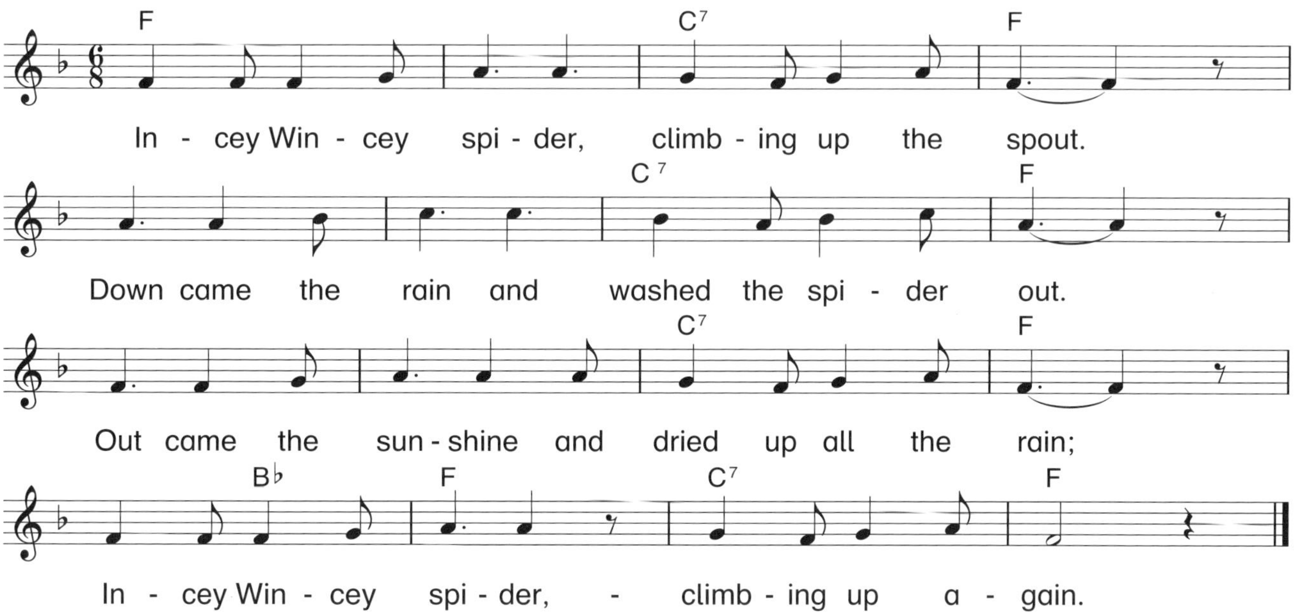

Thema

Teatime

Material

Handpuppe, CD-Player mit CD 1, Tischtuch, Tablett, Serviette, Butterkekse (scones), Marmelade, Butter, Teekanne mit Tee, Milch, Tassen, Teller, Teelöffel, Messer, Liederblatt, Stifte, Wörterliste

Wörter/Sätze

scone, spoon, knife, cup, plate, teapot,
jam, butter, tea, milk, sugar; Good afternoon!; I would like ..., please; Here you are!; Thank you.

Ablauf

Lied: Polly, Put the Kettle On

⇨ L berichtet von dem **englischen Brauch**, am Nachmittag Tee zu trinken: *Tea is the favourite drink in Great Britain. English people like to drink tea every time of the day, but especially in the morning, when they have breakfast, and in the afternoon. That's what they call* ***teatime****.*

⇨ L stellt die Lebensmittel und das Geschirr auf einen Tisch. L wiederholt dabei die bekannten Vokabeln und führt die neuen ein. H und K sprechen jeweils nach.

Geschichtlicher Hintergrund:
Früher gab es zwischen *breakfast* und *supper* nichts zu essen. So ist es nicht verwunderlich, dass Lady Anne, die 7. Herzogin von Bedford, nachmittags immer Hunger bekam. Sie ließ sich Tee und Gebäck servieren und lud dazu Gäste ein. So wurde die nachmittägliche Teestunde erfunden.

Spiel: Teatime
L: *This is a tea-room. Now let us have a teatime!*
L legt eine Tischdecke auf einen Tisch. H und zwei Kinder nehmen Platz.
L mit Serviette über dem Arm: *Good afternoon.*
What would you like to have?
H: *I would like tea and a scone with butter and jam, please.*
K 1: *I would like (tea and two scones with butter), please.*
K 2: *I would like (tea and a scone with butter and jam), please.*
L kommt mit dem Tablett und bringt Tassen, Teller, Löffel, Messer, Milch, Zucker, Tee, Marmelade, Butter und Kekse: *Here you are.* – K und H: *Thank you.*
Das Spiel wird mit anderen Kindern wiederholt. K übernehmen auch die Rolle des Kellners.

Spiel: I Like Coffee, I Like Tea (s. Spiele, 4.11.2)

L führt ein neues Lied ein: 20. I'm a Little Teapot (s. Tipps, S. 10).
(L erklärt anhand der Teekanne die Begriffe: *spout* und *handle.*)
Bewegungen zum Lied:

I'm a little teapot,	– beide Hände über den Kopf halten
short	– etwas in die Knie gehen
and stout,	– an beiden Seiten runde Arme machen
here is my handle,	– einen Arm in die Taille stemmen
here is my spout.	– den anderen Arm zur Seite strecken
When I see the teacups,	– Hand über den Augen an die Stirn legen
hear me shout:	– Hand hinters Ohr halten
Tip me over and pour me out!	– den Körper etwas zur Seite neigen

Liederblatt (L: *Let's read. Colour the picture.*)
L und K lesen gemeinsam. K malen das Bild an.

Bergedorfer Grundschulpraxis: Englisch – 3. Klasse, Band 2

Lied: I'm a Little Teapot

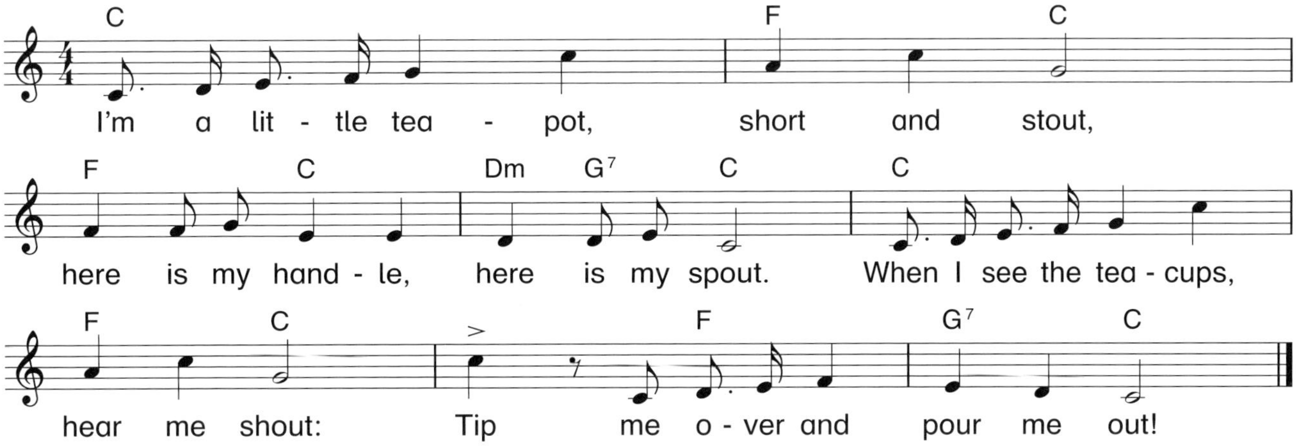

Thema

Adjectives

Material

Handpuppe, CD-Player mit neutraler Musik-CD, verschiedene Gegenstände, Picture cards: pets, zoo animals (s. Anhang, 6.3.1: mouse, 6.3.3: elephant), Word cards: adjectives I (s. Anhang, 6.6: s. Wörter), Arbeitsblatt, Stifte, Wörterliste

Wörter/Sätze

thin, thick, big, happy, sad,
small, short, long, laughing, crying

Ablauf

Lied: I'm a Little Teapot (mit Bewegungen)

⇨ L zeigt unterschiedliche Stifte/Lineale o. Ä.: *Look, this (pencil) is **long**, that (pencil) is **short**.*
L zeigt Bildkarten von Elefant und Maus/große und kleine Tasche: *The (elephant) is **big**, the (mouse) is **small**.*
L zeigt ein dickes Buch und ein dünnes Buch o. Ä.: *This (book) is **thick**, that (book) is **thin**.*

⇨ **Tafelbild**: ein lachendes und ein weinendes Kindergesicht.
L zeigt auf das lachende und das weinende Gesicht: *This child is **happy**. It is laughing. That child is **sad**. It is crying.*
H und K sprechen jeweils nach.
K vergleichen selbstständig verschiedene Gegenstände.

L erzählt die **Geschichte: The Big Elephant Brings a Lot of Presents**
Jedes Kind erhält eine Wortkarte. Immer, wenn ein Adjektiv in der Geschichte vorkommt, stehen K mit der entsprechenden Karte auf und halten sie hoch.

*Once there was a **big** elephant. One day he wanted to visit his **small** friend, Mrs Mouse, who lived in a very, very **small** house, deep in the wood. It was a **long** way to go there. On the way he saw a lot of **thick** trees and a lot of **thin** trees. He saw **small** hills and he saw very **big** hills.*
*And finally he arrived at Mrs Mouse's **small** house. He had a present for her: a **big** box with a lot of **thick**, **thin**, **big**, **small**, **short**, and **long** things in it.*
*There were for example a **thick** book and a **thin** book, a **short** pencil and a **long** pencil. Mrs Mouse was very **happy**. And the elephant was **happy** as well, because he hadn't lost anything on the **long** way. Then they had a fine tea-party with a lot of **big** scones with butter and jam. But soon the elephant had to leave again and he was a little bit **sad**. But he said: "I will come back soon."*

Spiel: Playing Adjectives (s. Spiele, 4.14)

Arbeitsblatt (L: *Let's read. Match the words with the pictures.*)
L und K lesen gemeinsam. K verbinden die Abbildungen mit den entsprechenden Wörtern.

Lied: One Little Elephant

68	Arbeitsblatt	Name:

Match the words with the pictures.

Thema

The time of day/Activities

Material

Handpuppe, OHP, Folie 12, evtl. langes Springseil, Tuch, Uhren der 59. Stunde, Arbeitsblatt, Stifte, Wörterliste

> **Wörter/Sätze**
>
> ***get up, have dinner, watch TV, go to bed, go to school,*** *play, they, morning, afternoon, evening, night; It's (three) o'clock a.m./p.m.*

Ablauf

Lied: Hickory, Dickory, Dock (mit Bewegungen)

⇨ L wiederholt anhand der gebastelten Uhren die Uhrzeiten und die Bezeichnungen *morning, afternoon, evening, night: Morning is from six to twelve o'clock a.m. ...*

K nennen Uhrzeiten mit den entsprechenden Tageszeiten: *It's (two o'clock p.m.). It's (afternoon).*

Spiel: One o'Clock, Two o'Clock (auf dem Schulhof oder in der Turnhalle)
Kann entweder als Kreisspiel (einige K befinden sich innerhalb des Kreises, einige außerhalb) oder zum Seilspringen gespielt werden.
K sprechen gemeinsam den Reim. Bei ***door*** und ***gate*** schlüpfen die Genannten in den Kreis bzw. aus ihm heraus, oder sie springen in das geschlagene Seil bzw. heraus.

One o'clock, two o'clock, three o'clock, four,
in comes (Harry) through the ***door****.*
Five o'clock, six o'clock, seven o'clock, eight,
out goes (Polly) through the ***gate****.*

⇨ L zeigt **Folie 12, 1. Bild**: *It is seven o'clock. Every day Mary and Jim get up at seven o'clock.*
H und K wiederholen.
L: *What do they do every day at seven o'clock?*
H und K: *They get up.*
L zeigt nacheinander auf die anderen Bilder:
2. Bild: *They go to school at eight o'clock.*
3. Bild: *They play at four o'clock.*
4. Bild: *They have dinner at six o'clock.*
5. Bild: *They watch TV at seven o'clock.*
6. Bild: *They go to bed at nine o'clock.*
H und K sprechen jeweils nach.

⇨ L: *When do you get up?/When do you go to school? ...*
K: *I get up at (seven) o'clock. ...*

Spiel zum Lied: I Sent a Letter to My Love (s. Spiele, 4.6)

Arbeitsblatt (L: *Let's read. Complete the sentences.*)
L und K lesen gemeinsam. K setzen die entsprechenden Uhrzeiten ein.

Lied: Goodbye

69	Arbeitsblatt	Name:

Complete the sentences.

I get up at __________ o'clock.

I go to school at __________ o'clock.

I play at __________ o'clock.

I have dinner at __________ o'clock.

I watch TV at __________ o'clock.

I go to bed at __________ o'clock.

FOLIE 12

Thema
Clothes/Colours

Material
Handpuppe, große Tasche mit Kleidungsstücken (s. Wörter), Wäscheleine, Wäscheklammern, Arbeitsblatt, Stifte, Wörterliste

> **Wörter/Sätze**
>
> ***shirt, jeans, stockings, cardigan, blouse; I'm (He/She is) wearing …;*** *clothes, shoes, socks, trousers, shorts, dress, skirt, cap, sweater, T-shirt, girl, boy, eye, hair; What is his/her name?; colours …*

Ablauf

Lied: Baa, Baa, Black Sheep

⇨ L stellt die Tasche auf den Tisch.
H: *There are a lot of things in the bag. But I don't know what!*
L lässt H und K die Tasche drücken und befühlen, schließlich öffnet L sie.
K tasten mit geschlossenen oder verbundenen Augen und erkennen, dass es sich um Kleidungsstücke handelt: *There are clothes in the bag!*

⇨ L spannt die Wäscheleine im Klassenzimmer und holt die Teile nacheinander aus der Tasche und benennt sie. H und K sprechen jeweils nach.
L: *(Anne), please hang up the (jeans).*
Das genannte Kind hängt jedes Mal das genannte Kleidungsstück an die Wäscheleine.

⇨ L stellt Fragen zu den Kleidungsstücken: *What is it?/Is this a (blouse)?/What colour is the (cardigan)? …*
K antworten entsprechend.

⇨ L zeigt auf die eigene Kleidung: *I'm wearing a (blue T-shirt), but I'm not wearing a (red dress). What are you wearing, (Susan)?*
K treffen Aussagen über ihre Kleidung nach demselben Muster.

Spiel: Chain-Game (Kofferpacken) (s. Spiele, 4.16)

Spiel: Who Is It?
Jeweils ein Kind beschreibt eine Mitschülerin/einen Mitschüler, z. B.: *It is a girl. She has blond hair and green eyes. She is wearing a red blouse … What is her name?*
Die anderen sollen herausfinden, um wen es sich jeweils handelt.

Spiel: What's Missing? (s. Spiele, 4.7)
An der Wäscheleine hängen mehrere Kleidungsstücke. Jedes Mal wird ein Teil entfernt.

Arbeitsblatt (L: *Let's read. Colour the clothes.*)
L und K lesen gemeinsam. K malen die Kleidungsstücke in den richtigen Farben an.

Lied: I'm a Little Teapot (mit Bewegungen)

70	Arbeitsblatt	Name:

Colour the clothes.

John is wearing a grey sweater, red jeans, and brown shoes.
Sarah is wearing a blue skirt and a yellow cap.
Judy is wearing blue trousers, an orange cardigan, and red shoes.
Bob is wearing a green T-shirt and black shorts.

KOPIERVORLAGE

Bergedorfer Grundschulpraxis: Englisch – 3. Klasse, Band 2

Thema

The body

Material

Handpuppe, CD-Player mit CD 1 und neutraler Musik-CD, Arbeitsblatt, evtl. Liederblatt, Stifte, Wörterliste

Wörter/Sätze

face, neck, back, shoulder, *toe, knee, eye, finger, nose, head, arm, leg, hair, foot/feet, mouth, ear, right, left*

Ablauf

Lied: Good Morning

Reim: These Are My Eyes
L zeigt dabei jeweils auf die eigenen Körperteile oder die von H.
K sprechen nach und zeigen dabei auf ihre Körperteile.

⇨ L führt die neuen Körperteile ein: *This is my face/neck/back/shoulder.*
K sprechen nach.
L zeigt bei K/sich selbst auf Körperteile und fragt: *What is it?*
K antworten entsprechend.

Spiel: Robots (s. Spiele, 4.1)
Aufträge: *Put your right hand on your left shoulder!/Stamp your feet!/Clap your hands!/ Stand on your left foot!/Shut your eyes …*

L flüstert einem Kind einen Auftrag ins Ohr. Das Kind führt den Auftrag aus und die anderen müssen raten, wie der Auftrag gelautet hat.

Spiel: Knee to Knee!
Die Kinder tanzen paarweise zur Musik. Der Spielleiter ruft z. B.: *Knee to knee!* oder *Back to back!*, und nun tanzen die Paare Knie an Knie oder Rücken an Rücken. Auf den Zuruf: *Change partners!* wird gewechselt.

Spiel: Tip-Top (s. Spiele, 4.10)
Jedes Kind zeigt bei sich auf einen Körperteil. Bei ***Tip*** muss das angesprochene Kind den Körperteil des linken Nachbarn nennen, bei ***Top*** den des rechten Nachbarn.

L führt ein neues Lied ein: 21. Head and Shoulders (s. Tipps, S. 10).
K zeigen dabei auf die entsprechenden Körperteile.

Partnerarbeit
K 1: *Show me your (head)!*
K 2 zeigt auf seinen (Kopf) und sagt: *This is my (head).*

Arbeitsblatt (L: *Let's read. Match the words with the parts of the body.*)
L und K lesen gemeinsam. K verbinden die Wörter mit den Körperteilen.

Lied: One Little Elephant

71	Arbeitsblatt	Name:

Match the words with the parts of the body.

The body

KOPIERVORLAGE

Bergedorfer Grundschulpraxis: Englisch – 3. Klasse, Band 2

71	Lied: Head and Shoulders

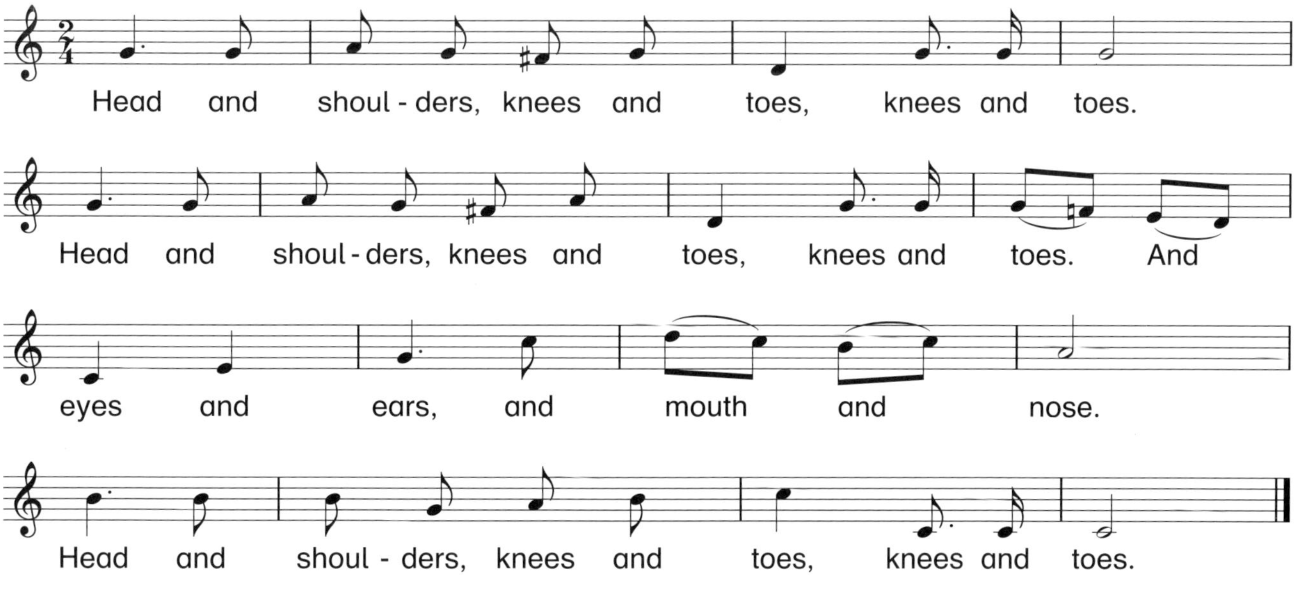

Thema

Adjectives

Material

Handpuppe, OHP, Folie 13, CD-Player mit CD 1 und neutraler Musik-CD, verschiedene Gegenstände, Word cards: adjectives I und II (s. Anhang, 6.6), Materialblätter: Domino cards – adjectives (auf Pappe kopiert), evtl. Liederblatt, Stifte, Schere, Wörterliste

Wörter/Sätze

old, new, young, wet, dry, ugly, *pretty, short, long, fat, slim, small, tall, big, thick, thin, happy, sad*

Ablauf

Lied: Incey Wincey Spider (mit Bewegungen)

⇨ L wiederholt die bekannten Gegensatzpaare mit Hilfe von Tafelbildern, Abbildungen oder Gegenständen.

⇨ L zeigt **Folie 13** und führt die neuen Gegensatzpaare ein: *ugly – pretty, old – new, old – young, wet – dry.*
H und K sprechen jeweils nach.

Lippenspiel
L formt die Lippen lautlos zu den neuen Adjektiven. K lesen von den Lippen ab.

⇨ L nennt ein Adjektiv, K nennen das Gegenteil.
(Hinweis: Bei *old* und *small* gibt es zwei Möglichkeiten!)

Spiel: Find Your Opposite! (mit Musik)
Jedes Kind bekommt ein Adjektiv zugeteilt (Wortkarte) und versucht – solange die Musik spielt – seinen Gegensatzpartner zu finden.

Im Anschluss daran bietet sich das folgende Spiel an:

Spiel: Playing Adjectives (mit Musik)
Die Kinder tanzen mit ihren Gegensatzpartnern paarweise zur Musik. Wenn die Musik stoppt, ruft L z. B.: *Short and long!,* und die entsprechenden Paare stellen ihre Adjektive pantomimisch dar.

L führt ein neues Lied ein: 22. If You're Happy (s. Tipps, S. 10).
Dazu führen K die entsprechenden Bewegungen aus.

Materialblätter: Domino cards (L: *Let's read. Colour the cards and cut them out.*)
L und K lesen gemeinsam. K malen die Karten an und schneiden sie aus.

Lied: Goodbye

Material: Domino cards – adjectives

small		**ugly**	
old		**wet**	
fat		**pretty**	
young		**dry**	
new		**slim**	
tall		**short**	

Material: Domino cards – adjectives

long		**sad**	
big		**happy**	
thick		**thin**	

Lied: If You're Happy

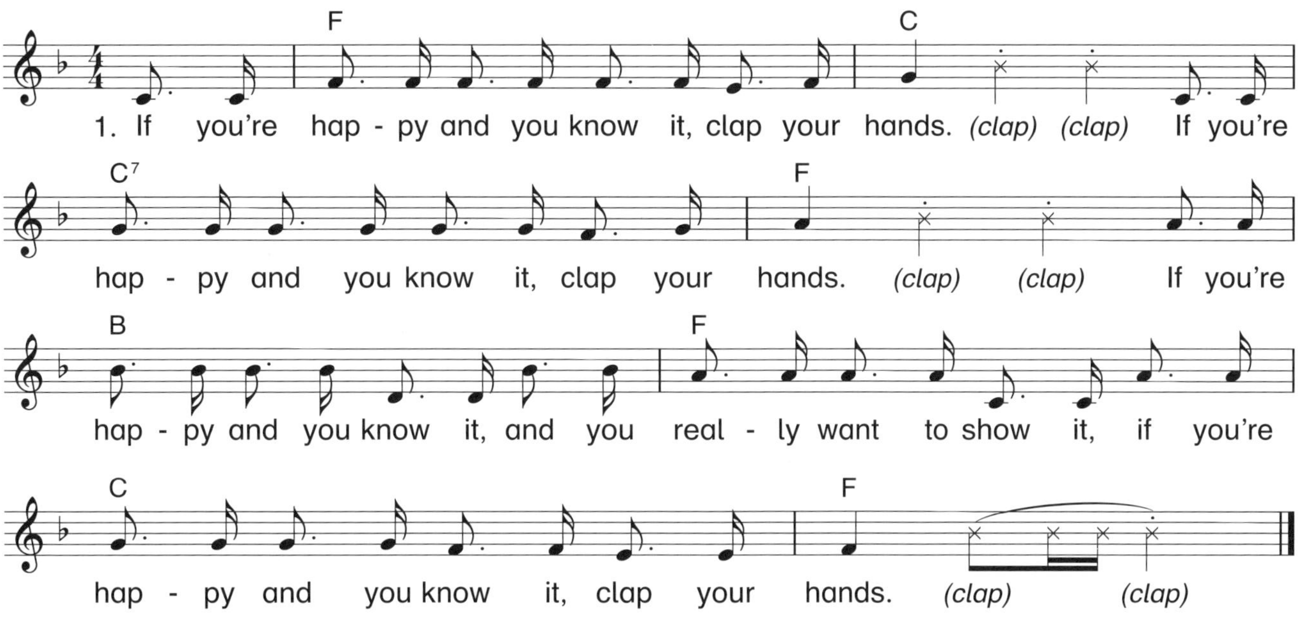

2. If you're happy and you know it, stamp your feet …

3. If you're happy and you know it, nod your head …

4. If you're happy and you know it, do all three …

Hinweis: Bei Strophe 1 klatschen die Kinder in die Hände,
bei Strophe 2 stampfen sie mit den Füßen,
bei Strophe 3 nicken sie mit den Köpfen,
bei Strophe 4 machen sie alle drei Sachen gleichzeitig.

Thema

On the farm

Material

Handpuppe, OHP, Folie 14, CD-Player mit CD 1, Materialblatt: Domino cards – farm animals (auf Pappe kopiert), Picture/Word cards: farm animals (s. Anhang, 6.3.5/6.3.6), evtl. Liederblatt, Stifte, Schere, Wörterliste

Wörter/Sätze

duck, hen, goose, goat, pony, cow-shed, meadow, henhouse, stable; *What is your* ***favourite*** *animal?; horse, pig, sheep, cow, rabbit, dog, cat; I'm not a (hen), I'm a (duck)!; adjectives …*

Ablauf

Lied: Ten Little Indians (mit Bewegungen)

L zeigt **Folie 14** und wiederholt die bekannten Tiere.
L führt die neuen Vokabeln ein.

L fragt nach den Lieblingstieren der Kinder: *Which is your favourite animal?*
K antworten entsprechend.

K fragen sich gegenseitig nach ihren Lieblingstieren:
Is your favourite animal a (horse)? – Yes it is./No, it isn't.

Einige Kinder beschreiben ihr Lieblingstier, z. B.: *My favourite animal is small. It can fly.*
K: *Is it a (hen)? – Yes, it is./No, it isn't.*

Spiel: Four Corners Game (s. Spiele, 4.17)

Spiel: On the Farm
Jedes Kind denkt sich ein Tier aus und bewegt sich entsprechend durch das Klassenzimmer. Der „Bauer" kommt, streichelt die „Tiere" und begrüßt sie nacheinander: *Good morning, my dear (cow) ...*
Aber er vertut sich oft dabei und spricht die „Tiere" falsch an. In dem Fall geben die Kinder einen ihrem Tier entsprechenden Laut von sich und sagen: *Oh no, I'm not a (cow), I'm a (hen)!*
Anschließend gehen die „Tiere" zurück in ihren „Stall" (= an ihren Platz).
Nach einiger Zeit spielt ein anderes Kind den „Bauern".

L führt ein neues Lied ein: 23. Old Mac Donald (s. Tipps, S. 10).

Materialblatt: Domino cards (L: *Let's read. Colour the cards and cut them out.*)
L und K lesen gemeinsam. K malen die Karten an und schneiden sie aus.

Lied: Baa, baa, Black Sheep

73	Material: Domino cards – farm animals		
rabbit		**sheep**	
hen		**horse**	
cat		**cow**	
goat		**dog**	
pony		**goose**	
pig		**duck**	

KOPIERVORLAGE

Bergedorfer Grundschulpraxis: Englisch – 3. Klasse, Band 2

73 Lied: Old Mac Donald

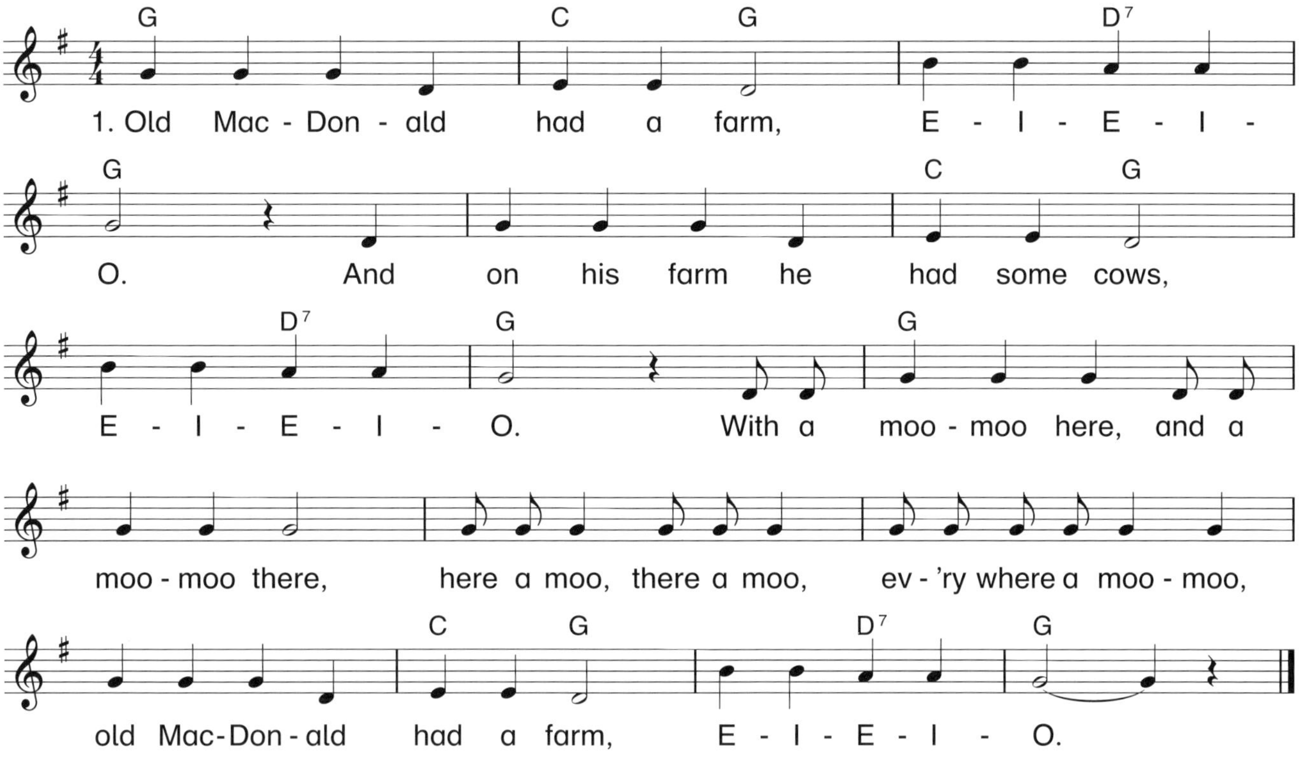

2. Old Mac Donald had a farm, E – I – I – E – O.
And on his farm he had some sheep, E – I – E –I – O.
With a baa-baa here and a baa-baa there,
here a baa, there a baa, ev'rywhere a baa-baa,
old Mac Donald had a farm, E – I – E – I – O.

3. Old Mac Donald had a farm, E – I – E – I – O.
And on his farm he had some pigs, E – I – E – I – O.
With an oink-oink here and an oink-oink there,
here an oink, there an oink, ev'rywhere an oink-oink,
old Mac Donald had a farm, E – I – E – I – O.

Thema

In the garden/Prepositions

Material Handpuppe, OHP, Folie 15, Folienschreiber, Zeichenpapier, Arbeitsblatt, Stifte, Wörterliste

Wörter/Sätze

garden, flower, bush, grass, fence, *tree;*
There is/are ...;
I can see ...;
colours ..., numbers ..., prepositions ...

Ablauf

Lied: Are You Sleeping, Lilly Long?

⇨ L zeigt **Folie 15** und führt die neuen Vokabeln ein.

L stellt Fragen zur Folie, z. B.: *How many trees can you see there?/ How many flowers are there in the garden?*
L: *What colour is the tree/are the flowers? ...*
K antworten entsprechend.

K sagen mehrere Sätze zur Folie, z. B.: *There is a garden. I can see flowers, three big trees, a small tree, two bushes, a brown fence ...*

H: *There are a cat and a dog in the garden!*
L: *Where is the cat? Where is the dog?*
K antworten entsprechend.

⇨ L zeichnet evtl. bunte Bälle in den Garten und fragt: *Where is the (green) ball?*

Fantasiereise
L: *Let us make a fantasy journey. You may take off your glasses, if you want, and put your heads on your arms. You shut your eyes and take a deep breath. Now you relax.*
You are sitting in a garden with pretty flowers. The sun is shining. It's a wonderful day ...
(lange Pause)
Now we'll end our fantasy journey ... Open your eyes, take another deep breath, and stretch yourselves.

⇨ L: *What can you do in a garden?*
H und K überlegen gemeinsam: *In the garden we can play, read a book, write a letter ...*

⇨ L „diktiert" Bilder: *Please, draw a bush!/Please, draw two trees, three red flowers ...*

⇨ L schreibt die Wörter zu den entsprechenden Abbildungen auf die **Folie**.
K lesen die Wörter im Chor.

Arbeitsblatt (L: *Read and draw.*)
L und K lesen gemeinsam. K zeichnen die entsprechenden Dinge an die richtigen Stellen.

Lied: If You're Happy (mit Bewegungen)

74	Arbeitsblatt	Name:

There is a tree and a fence.

There is a child on the tree.

There are two red flowers beside the bush.

There is a cat behind the tree.

There is grass in front of the three flowers and a fence behind them.

There is a dog in the garden.

There is a yellow flower in front of the big tree.

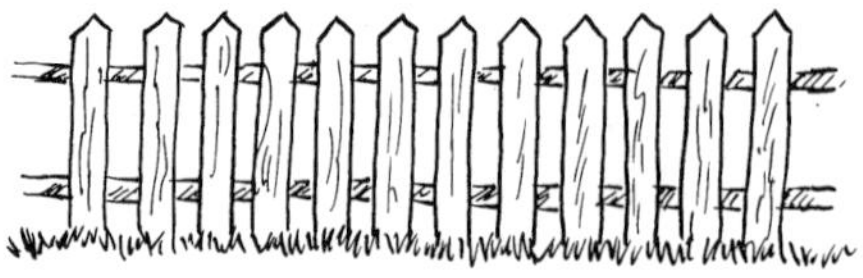

There is a bush behind the fence and grass in front of the fence.

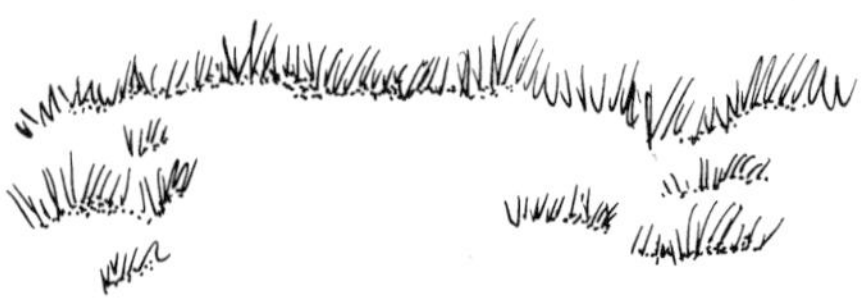

There is a big bush in the garden and a small rabbit in the grass.

Thema

Vehicles/Prepositions

Material

Handpuppe, Beutel mit Spielzeugautos, -flugzeugen, -schiffen, -bussen, -lastwagen und -zügen, Word cards: vehicles (s. Anhang, 6.7), Arbeitsblatt, Stifte, Wörterliste

Wörter/Sätze

bus, train, ship, garage, harbour, station, airport, *car, lorry, plane, does/doesn't, prepositions …, colours …*

Ablauf

Lied: Head and Shoulders

➪ L schüttelt den Beutel mit den Spielsachen, sodass es klappert.
H und K raten, was in dem Beutel sein könnte.
Schließlich packt L die Sachen einzeln aus und benennt sie: *This is a bus/train/ship …*
K sprechen jeweils nach.

➪ L legt die Spielsachen an verschiedene Stellen und wiederholt die Präpositionen: *Where is the (bus)?*
K: *The (bus) is (on the chair) …*

➪ L fragt nach den Farben und Anzahlen: *What colour is the (bus)?/How many (planes) are there?*
K antworten entsprechend.

➪ L: *The car goes to the garage. The plane goes to the airport. The ship goes to the harbour. The train goes to the station.*
H und K sprechen jeweils nach.

L: *Where does the (car) go?/Does the (plane) go to the (station)?*
K antworten entsprechend.

Spiel: Look For Your Partner!
Vier Kinder bekommen Wortkarten mit den Begriffen: *garage, harbour, airport, station.*
Die übrigen bekommen Wortkarten mit den Namen der Verkehrsmittel: *car, ship, plane, train.*
Sie gehen im Klassenraum umher und die „Verkehrsmittel" fragen die Mitspieler: *Are you the (airport)?* Die Gefragten antworten: *Yes, I am./No, sorry, I'm the (garage).*
Das Spiel ist zu Ende, wenn alle Fahrzeuge ihre „Heimat" gefunden haben.

Spiel: Four Corners Game (s. Spiele, 4.17)
Die vier Ecken des Spielfeldes werden als *garage, harbour, airport* und *station* beschriftet/beschildert. Jedes Kind bekommt ein Verkehrsmittel zugeteilt (Wortkarten).
Der Spielleiter ruft z. B.: *All planes to the airport!*

Arbeitsblatt (L: *Look for the right ways.*)
K suchen im Irrgarten die richtigen Wege der Fahrzeuge.

Lied: Goodbye

75	Arbeitsblatt	Name: ______________

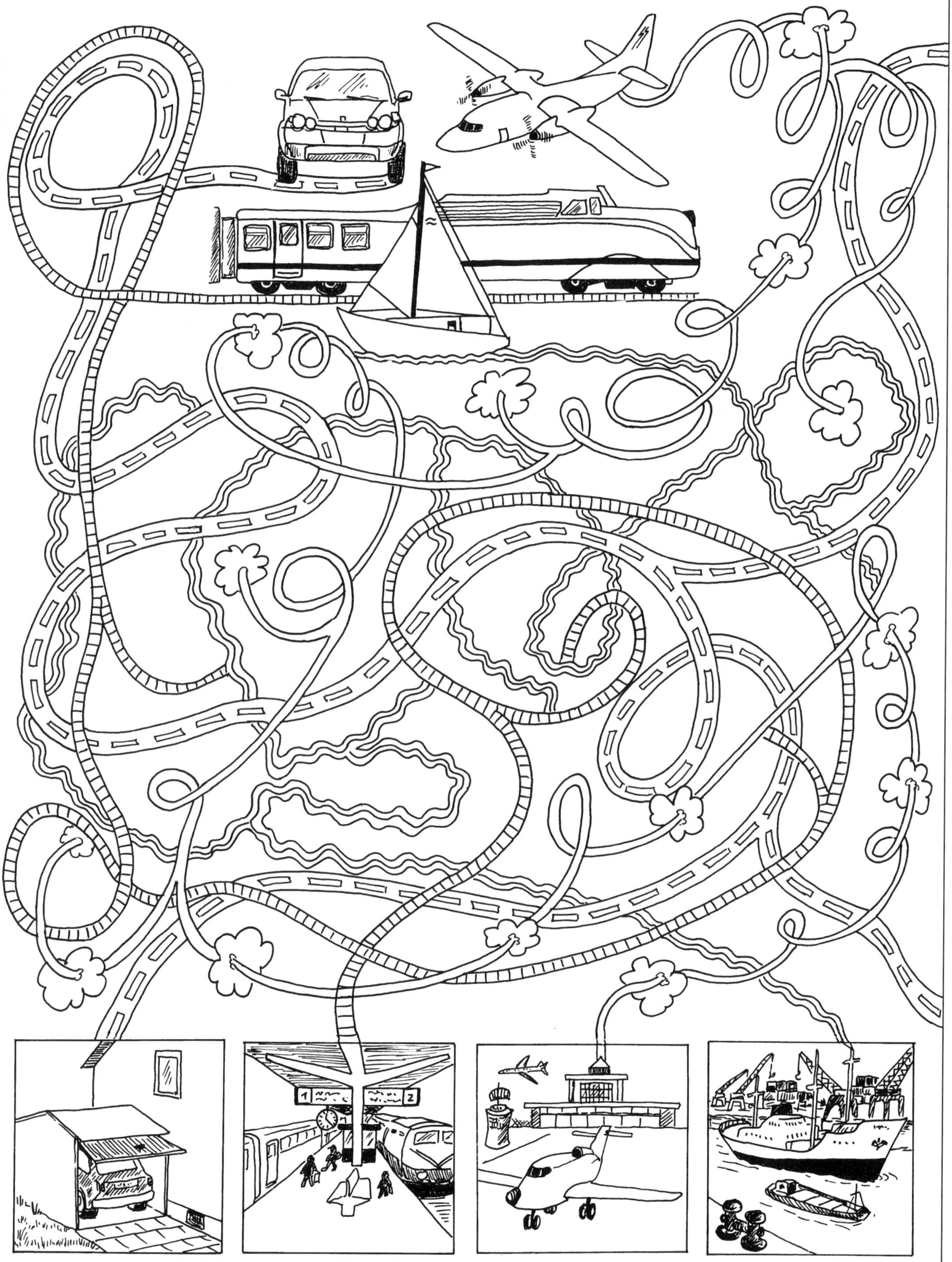

Thema

At the market

Material

Handpuppe, Korb mit Tomaten, Bananen, Äpfeln, Möhren und Blumen, englisches Spielgeld, Arbeitsblatt, Stifte, Wörterliste

Wörter/Sätze

***market, carrot, apple, tomato, banana,** flower;*
Can I help you?;
How much is it?;
I would like …;
Here you are!;
numbers …

Ablauf

Lied: One Little Elephant

⇨ L stellt den Korb auf den Tisch: *I've been to the market. Look, what I have bought! These are carrots/tomatoes/apples/bananas/flowers.*
H und K sprechen jeweils nach.

⇨ L stellt Fragen zu den Waren: *What are these?/How many (apples) have I got?*
K antworten entsprechend.

Spiel: Shopping
L: *Now let us play shopping. Our classroom is the market.*
L und K legen die Waren zurecht und L verteilt das Spielgeld.
L: *But before we start, let's think about what we say at the market.*
L erinnert an die Handlungsschritte: Begrüßung, Wunsch, Frage nach dem Preis *(How much is it?)*, Verabschiedung. H hilft beim Spiel, wenn es erforderlich ist.

L: *I am Mr/Mrs Brown, the greengrocer, and you, (Anne), want to buy something.*
K: *Good morning, Mr/Mrs Brown.* – L: *Good morning, (Anne). Can I help you?*
K: *Yes, please. I would like two apples and three bananas.* – L: *Here you are.*
K: *How much is it?* – L: *One pound, please.*
K bezahlt und sagt: *Goodbye, Mr/Mrs Brown.* – L: *Goodbye, (Anne).*
Im Anschluss daran übernehmen verschiedene Kinder die Rolle des Gemüsehändlers.

Gruppenarbeit (4–5 K)
Die Waren und das Spielgeld werden an die Gruppen verteilt. K spielen das Einkaufsspiel selbstständig. L hilft, wo es erforderlich ist.

Spiel: What's Missing? (s. Spiele, 4.7)
In der Mitte steht ein Tisch mit verschiedenen Waren.

Spiel: Chain-Game (Kofferpacken) (s. Spiele, 4.16)
Beispiel: K 1: *I would like apples.* K 2: *I would like apples and bananas. …*

Arbeitsblatt (L: *Let's read. Draw what the children have bought.*)
L und K lesen gemeinsam. K zeichnen, was die Kinder gekauft haben.

Lied: I'm a Little Teapot (mit Bewegungen)

76	Arbeitsblatt	Name:

Draw what the children have bought.

Peter has bought five flowers, a banana, and three tomatoes.
Mary has bought seven apples and six flowers.
Susan has bought two carrots, three bananas, and two apples.
Jim has bought four tomatoes and three flowers.

Susan

Peter

Jim

Mary

Thema

The body/Activities

Material

Handpuppe, CD-Player mit CD 1, Arbeitsblatt, evtl. Liederblatt, Stifte, Wörterliste

Wörter/Sätze

Stretch your arms!;
Bend your knees!;
Stamp your feet!;
Clap your hands!;
Shut your eyes!;
Shake your arms!;
Turn around!;
Touch the ground!;
right, left

Ablauf

Lied: Head and Shoulders

Reim: These Are My Eyes

L wiederholt die Körperteile.
H zeigt auf verschiedene Körperteile und fragt:
What is this?/Is this your (neck)?
K: *This is my (face)./Yes, it is./No, it isn't.*

Spiel: Tip-Top (s. Spiele, 4.10)
Jedes Kind zeigt bei sich auf einen Körperteil. Bei ***Tip*** muss das angesprochene Kind den entsprechenden Körperteil seines linken Nachbarn nennen, bei ***Top*** den des rechten Nachbarn.

L führt ein neues Lied ein: 24. Hokey Cokey (s. Tipps, S. 10).
(Die Kinder stehen im Kreis.) Bewegungen zum Lied:

You put your (right arm) in,	– (rechten Arm) in den Kreis strecken
your (right arm) out,	– (rechten Arm) nach hinten strecken
your (right arm) in	– (rechten Arm) in den Kreis strecken
and you shake it all about.	– (rechten Arm) schütteln
You do the Hokey Cokey	– Arme in die Hüften stemmen und mit dem Po wackeln
and you turn around,	– sich um sich selbst drehen
that's what it's all about.	– Arme in die Luft werfen und hochspringen
Oh, the Hokey Cokey, Cokey! (3x)	
Knees bend,	– in die Knie gehen
arms stretch!	– Arme nach vorne strecken
Ra! Ra! Ra!	

(Das Lied kann gut mit selbst gebastelten Instrumenten begleitet werden. Evtl. können dazu im Kunst- oder Musikunterricht mit Nudeln, Bohnen, Reis oder Erbsen gefüllte Rasseln hergestellt werden.)

Spiel: Robots (s. Spiele, 4.1)
Aufträge: *Stamp your feet!/Clap your hands!/Shut your eyes!/Turn around!/Shake your arms! …*

Arbeitsblatt (L: *Let's read. Write the numbers to the pictures.*)
L und K lesen gemeinsam. K schreiben die Zahlen zu den entsprechenden Abbildungen.

Lied: Goodbye

77	Arbeitsblatt	Name:

Write the numbers to the pictures.

① Stamp your feet!

② Shut your eyes!

③ Clap your hands!

④ Stretch your arms!

⑤ Bend your knees!

⑥ Touch the ground!

⑦ Turn around!

⑧ Shake your arms!

⑨ Sit down!

77 Lied: Hokey Cokey

2. You put your left arm in …
3. You put your right leg in …
4. You put your left leg in …

The body

 KOPIERVORLAGE

Bergedorfer Grundschulpraxis: Englisch – 3. Klasse, Band 2

Thema

The week/Activities

Material

Handpuppe, Abreißkalender, Klebeband, Word cards: the week (s. Anhang 6.8), Arbeitsblatt, Stifte, Wörterliste

Wörter/Sätze

Monday, Tuesday, Wednesday, Thursday, Friday, Saturday, Sunday, shopping;
On (Monday)
I read a book/play football/ go fishing/sing a song …

Ablauf

Lied: Hokey Cokey (mit Bewegungen)

⇨ L führt mit Hilfe des Kalenders die Wochentage ein:
This is Monday./This is Tuesday ...
H und K sprechen jeweils nach.

L und K vergleichen die deutschen Bezeichnungen der Wochentage mit den englischen.

⇨ **Tafelbilder** zu den Wochentagen (s. Angaben in Klammern).
Davor steht jeweils: *Monday, Tuesday ...*
L: *On **Monday** Peter goes to school.* (Schule)
*On **Tuesday** Peter sings a song.* (Noten)
*On **Wednesday** Peter reads a book.* (Buch)
*On **Thursday** Peter plays football.* (Fußball)
*On **Friday** Peter goes fishing.* (Fisch)
*On **Saturday** Peter goes shopping.* (Einkaufstüte)
*On **Sunday** Peter eats ice-cream.* (Eistüte)
K sprechen zuerst im Chor, dann einzeln nach.

⇨ Jedes Kind bekommt eine Wortkarte. K fragen sich gegenseitig:
Are you (Thursday)? – Yes, I am./ No, I'm not.

Spiel: Change Places! (s. Spiele, 4.5)
Jeder bekommt einen Wochentag zugeteilt.

Spiel: Chain-Game (Kofferpacken)
Die Kinder sitzen im Stuhlkreis. L beginnt: *On Monday I read a book.*
Das Kind links neben L: *On Monday I read a book. On Tuesday I watch TV.*
Im Uhrzeigersinn wiederholen die Kinder die bisher genannten Sätze in der richtigen Reihenfolge und fügen jedes Mal einen hinzu. Wenn alle Wochentage genannt wurden, beginnt das Spiel wieder von vorn.
Das Spiel ist zu Ende, wenn ein Spieler die Reihenfolge durcheinander bringt oder nicht weiter weiß.

Arbeitsblatt (L: *Let's read. Write the numbers to the pictures.*)
L und K lesen gemeinsam. K schreiben die Zahlen zu den entsprechenden Abbildungen.

Lied: Ten Little Indians (mit Bewegungen)

78	Arbeitsblatt	Name:

Write the numbers to the pictures.

① On **Monday** Peter goes to school.

② On **Tuesday** Peter sings a song.

③ On **Wednesday** Peter reads a book.

④ On **Thursday** Peter plays football.

⑤ On **Friday** Peter goes fishing.

⑥ On **Saturday** Peter goes shopping.

⑦ On **Sunday** Peter eats ice-cream.

Bergedorfer Grundschulpraxis: Englisch – 3. Klasse, Band 2

Thema

The weather

Material

Handpuppe, OHP, Folie 16, Folienschreiber, Arbeitsblatt, Stifte, Wörterliste

Wörter/Sätze

sunny, cloud, cloudy, wind, windy, snow, snowy, rainy, fog, foggy; What is the weather like?

Ablauf

Lied: Hickory, Dickory, Dock (mit Bewegungen)

⇨ L zeigt **Folie 16** und führt die neuen Vokabeln ein:
This is the sun. The weather is fine. It is a sunny day.
There are clouds in the sky. It is cloudy.
Here the rain comes down. It is a rainy day.
Look, the wind is blowing. It is windy.
Everything is grey. You only see fog. It is foggy.
Snow is falling. It is snowy.
H und K sprechen jeweils nach.

L zeigt auf verschiedene Abbildungen auf der **Folie** und fragt z. B.: *Look, is it sunny or cloudy?*
K antworten entsprechend.

⇨ L: *Please, look out of the window. What is the weather like?*
K antworten entsprechend.

Pantomimespiele

1. L stellt Wetter pantomimisch dar. H ist Spielleiter und fragt: *What is the weather like?* Wer als Erster die richtige Antwort gibt, ist im nächsten Spiel der Spielleiter.
2. L nennt verschiedene Wetterarten. K stellen das Wetter pantomimisch dar.

Gruppenarbeit (5–6 K)
Jedes Kind überlegt sich ein Wetter. K fragen sich gegenseitig nach ihrem Wetter:
Is it (rainy)? – Yes, it is./No, it isn't.

Spiel: Weather Painter
Ein Kind geht an die Tafel und zeichnet mit wenigen Strichen ein bestimmtes Wetter. Die anderen versuchen es so schnell wie möglich zu erraten. Jedes Kind darf aber nur einmal raten.
K: *Stop! Is it (foggy)? – Yes, it is./No, it isn't.*
Wer als Erster die richtige Antwort gibt, geht an die Tafel und zeichnet das nächste Wetter.

⇨ L schreibt die Wörter zu den entsprechenden Abbildungen auf die **Folie**.
K lesen die Wörter im Chor.

Arbeitsblatt (L: *Match the words with the pictures.*)
K verbinden die Wörter mit den entsprechenden Abbildungen.

Lied: Hokey Cokey (mit Bewegungen)

79	Arbeitsblatt	Name:

Match the words with the pictures.

Bergedorfer Grundschulpraxis: Englisch – 3. Klasse, Band 2

Thema

Prepositions

Material

Handpuppe, Lego- oder Duplosteine, verschiedene (Playmobil-) Männchen und Pferde, evtl. selbst gebastelter Humpty Dumpty (aus ausgeblasenem Ei), Arbeitsblatt, evtl. Liederblatt, Stifte, Schere, Klebstoff, Wörterliste

Wörter/Sätze

wall, man/men,
horse, put,
prepositions …

Ablauf

Lied: If You're Happy (mit Bewegungen)

L baut eine kleine Mauer aus den Steinen: *Look, this is a wall.*
L setzt Humpty Dumpty auf die Mauer: *This is a funny man, isn't it? His name is Humpty Dumpty.*

L führt ein neues Lied ein: 25. Humpty Dumpty (s. Tipps, S. 10).
L spielt die Handlung mit Hilfe von Material nach.

H. D. sat on a wall,	– L setzt H. D. auf die Mauer
H. D. had a great fall.	– L schubst H. D. von der Mauer herunter
All the king's horses	– L stellt Pferdchen mit Reitern auf
and all the king's men	– L stellt Männer dazu
couldn't put Humpty together again.	– L schüttelt traurig den Kopf und nimmt Pferde und Männer weg

Einige Kinder kommen nach vorn und spielen die Handlung des Liedes nach.

K setzen sich auf ihre Tische und singen das Lied.
Bei ***had a great fall*** fallen sie (vorsichtig) vom Tisch.

L setzt die Spielfiguren auf, in, unter, neben, hinter, zwischen, vor verschiedene Gegenstände und fragt: *Where is Humpty Dumpty?/Where are the king's horses? …*
K antworten entsprechend.

L: *Please, put (Humpty Dumpty) on the wall/between two books …*
K setzen die Spielfiguren an die genannten Stellen.

Spiel: Did You Touch Me? (s. Spiele, 4.9)

Gruppenarbeit (3–4 K)
L verteilt die Spielfiguren an die Gruppen. K fordern sich gegenseitig auf, mit den Figuren bestimmte Handlungen auszuführen, z. B.: *Put the man on the horse!*

Arbeitsblatt (L: *Let's read. Fill in the right prepositions.*)
L und K lesen gemeinsam. K schreiben zu den Abbildungen die entsprechenden Präpositionen.

Lied: Humpty Dumpty

Fill in the right prepositions.

80	Lied: Humpty Dumpty

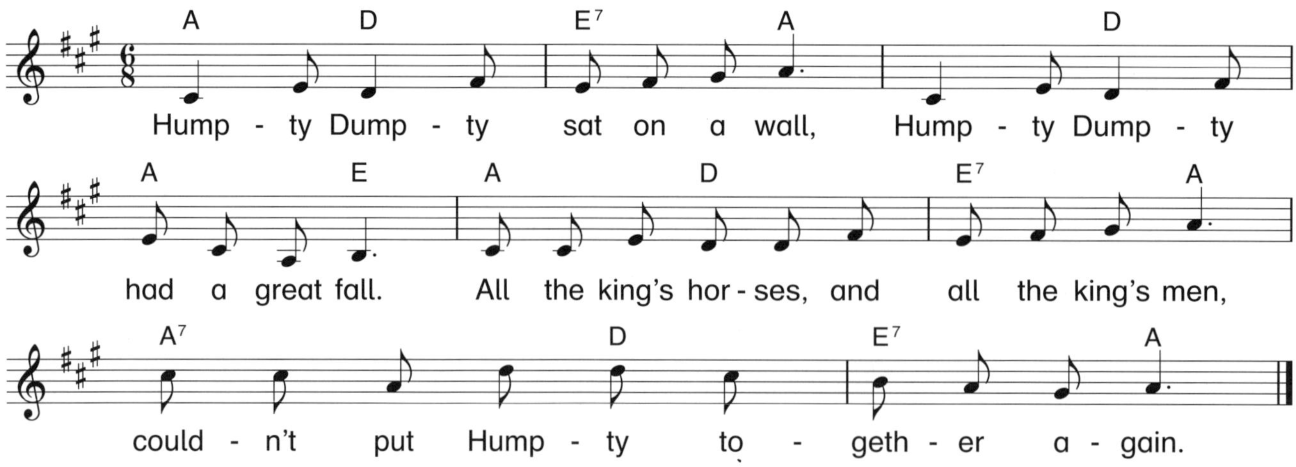

6 Anhang

6.1 The farm (Projekt mit Spielen und Geschichten)

6.1.1 Würfelspiel: A Day on the Farm

Material: Spielplan (s. Anhang 6. 9), Spielfiguren, Würfel

Zunächst kleben K die beiden Teile des Spielplans auf Pappe aneinander und malen alles bunt an.

Spielerzahl: 4–6
Spielregel: Alle Spieler stellen ihre Spielfigur an den Start. Es wird reihum gewürfelt. Der Spieler mit der höchsten Zahl beginnt.
Die Spielfiguren werden jedes Mal entsprechend der gewürfelten Augenzahl gesetzt.
Kommt ein Spieler auf ein Ereignisfeld, liest er (mit Hilfe von L oder H) den Text vor und führt den jeweiligen Auftrag aus.
Ziel des Spiels ist es, als Erster das Zielfeld zu erreichen (mit einem passenden Wurf). Wer aber auf das letzte Ereignisfeld kommt, darf sofort auf das Zielfeld weiterziehen.

6.1.2 Memory: Farm Animals

Material: Picture- und Word cards (s. Anhang 6.3.5, 6.3.6, auf Pappe kopiert)

K malen die Karten an und schneiden sie aus.

Spielerzahl: 3–4
Spielregel: Die Karten werden verdeckt auf dem Tisch ausgelegt (Wort- und Bildkarten voneinander getrennt!). Reihum deckt jeder Spieler zwei Karten auf und prüft, ob Wort- und Bildkarte zusammengehören. Bilden sie ein Paar, kann der Spieler die beiden Karten an sich nehmen. Passen die Karten nicht zusammen, werden sie wieder umgedreht und der nächste Spieler ist an der Reihe.
Gewonnen hat der Spieler, der am Ende die meisten Kartenpaare besitzt.

6.1.3 Dominospiel: Farm Animals

Material: Domino cards (s. Material 73. Stunde, auf Pappe kopiert)

K malen die Karten an und schneiden sie aus.

Spielerzahl: 1–4
Spielregel: Eine beliebige Karte wird in die Mitte gelegt. Die übrigen werden gleichmäßig an die Spieler verteilt.
Reihum können die Spieler passende Karten an die vorhandene(n) anlegen. Dabei nennen sie jeweils das entsprechende Tier.
Gewonnen hat der Spieler, der als Erster keine Karten mehr hat.

6.1.4 Bingo

Material: Bingotafeln (s. Material: Bingo, 64. Stunde, auf Pappe kopiert), Stifte

Spielerzahl: Klasse
Spielregel: Jeder Spieler erhält eine Bingotafel und trägt in die Felder neun verschiedene Tiere ein (L schreibt evtl. die Tiere an die Tafel oder verteilt die entsprechenden Wortkarten: cow, horse, pig, sheep, dog, cat, rabbit, goat, duck, hen, pony, goose).
Der Spielleiter nennt nacheinander Tiere, und die Spieler, die diese Tiere auf ihrer Tafel haben, streichen sie durch oder markieren sie farbig.
Wer als Erster drei Tiere in einer Reihe (waagerecht, senkrecht oder diagonal) durchgestrichen hat, ruft laut: *Bingo!*

6.1.5 Englische Bilderbücher/Geschichten vorlesen und auslegen

Literaturtipp:
"The Three Little Pigs", "Good Morning, Farmer" – beide in "My Treasury of Stories and Rhymes"

6.2 Easter

6.2.1 Easter Traditions in Great Britain

The Friday before Easter is called ***Good Friday***. It is a public holiday as well as ***Easter Monday***.
On Good Friday people like to eat ***hot cross buns***. They have got their name, because people like to eat them hot or warm and because they have got a cross on top.
Mostly people buy them at the baker's and warm them up before eating, but a lot of people make them by themselves.

On ***Easter Sunday*** people wish ***Happy Easter*** to each other and they have coloured hard boiled eggs for breakfast.
The children get a lot of sweets and chocolate eggs. When the weather is fine, they hunt their ***Easter eggs*** in the open air.
On ***Easter Sunday*** and ***Easter Monday*** people like to visit their family. They meet each other and have a nice walk in the park.

6.2.2 Projekt: Easter Party

Vorbereitungen:

- **Lied: „Hot Cross Buns" lernen** (s. Liederblatt, 55. Stunde)
- **verschiedene andere Lieder und Reime einstudieren** (z. B.: Two Little Dicky Birds, Five Brown Teddies, Polly, Put the Kettle On!, Pat-a-Cake, Jack and Jill)
- **altmodische Kleidung mitbringen** zum Verkleiden bei der Spielhandlung zum Lied: Hot Cross Buns
- **hot cross buns backen** (s. 6.2.3)
- **Klassenraum schmücken** mit Kirschzweigen, Narzissen, Ostergras, ausgepusteten Ostereiern ...
- **hart gekochte Eier, Esslöffel** (und evtl. kleine Gewinne) **mitbringen**
- **Getränke und Becher mitbringen**

Easter Party feiern:

Lieder singen und Reime aufsagen.
Lied: „Hot Cross Buns" mit Spielhandlung (verkleidete Kinder) aufführen.
Gemeinsames Kaffee-/Teetrinken mit Eltern und Kindern.

Spiel: Egg-and-Spoon-Race
Jeweils 5–7 Kinder (Eltern) stellen sich an einer Startlinie auf. Jedes balanciert – mit ausgestrecktem Arm – auf einem Esslöffel ein hart gekochtes Ei.
Der Spielleiter ruft: *Ready, steady, go!*, und die Kinder versuchen ihre Eier heil ins Ziel zu bringen. Dabei dürfen sie das Ei nicht berühren.
Wer mit seinem (heilen) Ei als Erster die Ziellinie überschreitet, ist Sieger und bekommt evtl. einen kleinen Gewinn.

Hinweis: Es bietet sich an, für die Vorbereitungen wie das Herstellen der Osterdekoration und evtl. für das Besprechen (Umrechnen) der englischen Gewichtseinheiten Kunst- bzw. Mathematikstunden zu nutzen.

6.2.3 Hot Cross Buns

Zutaten:

330 g Mehl
30 g Margarine
50 g Zucker
100 g Trockenfrüchte
60 g Orangeat
1 TL Gewürzmischung (Lebkuchengewürz)
12 g Hefe
⅛–¼ l Milch
½ TL Salz

Ingredients:

12 oz plain flour
1 oz margarine
2 oz sugar
4 oz dried fruit
2 oz candied orange peel
1 teaspoonful mixed spice
½ oz yeast
¼–½ pint milk
½ teaspoonful salt

1. Hefe und Zucker mischen. Lauwarme Milch zufügen und das Ganze mit etwas Mehl bestäuben.
2. An einen warmen Ort stellen, bis sich Blasen bilden.
3. Mehl, Gewürzmischung und Salz in eine vorgewärmte Schüssel sieben.
4. Margarine, Trockenfrüchte und Orangeat unterrühren.
5. Die angesetzte Hefe hinzufügen und alles gut verkneten.
6. Schüssel mit einem Küchentuch abdecken und an einen warmen Ort stellen, bis sich das Volumen etwa verdoppelt hat.
7. Mit bemehlten Händen kleine Kugeln formen, auf ein Backblech legen und mit einem scharfen Messer ein Kreuz einritzen.
8. Das Blech mit den buns für 15 Minuten an einen warmen Ort stellen.
9. Die buns 8–10 Minuten im vorgeheizten Backofen bei 175 °C backen.
10. Aus Zucker und Wasser eine Glasur anrühren und mit einem Pinsel auf die warmen buns streichen.

Hinweis: 1 oz (ounce) = ca. 28 g
1 lb (pound) = ca. 450 g
1 pint = ca. 0,6 l

6.3.1 Picture cards (Memory): pets

KOPIERVORLAGE

6.3.2	Word cards (Memory): pets	
rabbit	dog	cat
mouse	fish	bird
hamster	guinea-pig	

6.3.3	Picture cards (Memory): zoo animals

6.3.4	Word cards (Memory): zoo animals

bear	monkey	lion
hippo	giraffe	camel
kangaroo	elephant	tiger
crocodile		

6.3.5	Picture cards (Memory): farm animals

6.3.6	Word cards (Memory): farm animals	
cow	horse	pig
sheep	dog	cat
rabbit	goat	duck
hen	pony	goose

6.4.1	Picture cards (Memory): clothes

		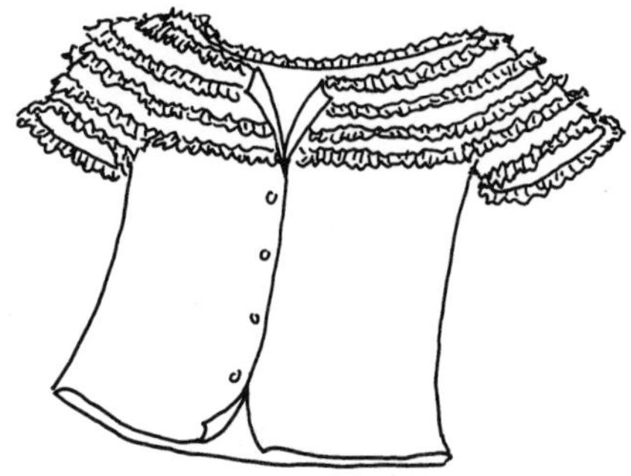
	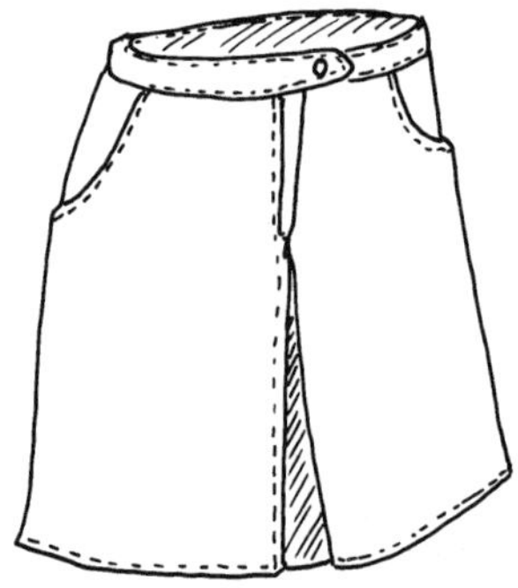	
	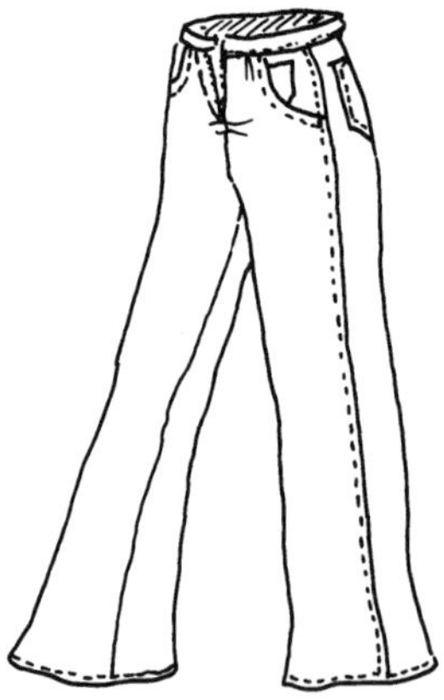	

Bergedorfer Grundschulpraxis: Englisch – 3. Klasse, Band 2

6.4.2	Word cards (Memory): clothes	
cardigan	stockings	blouse
shorts	skirt	dress
shirt	jeans	shoes
socks	trousers	sweater

6.5.1	Picture cards (Memory): numbers I

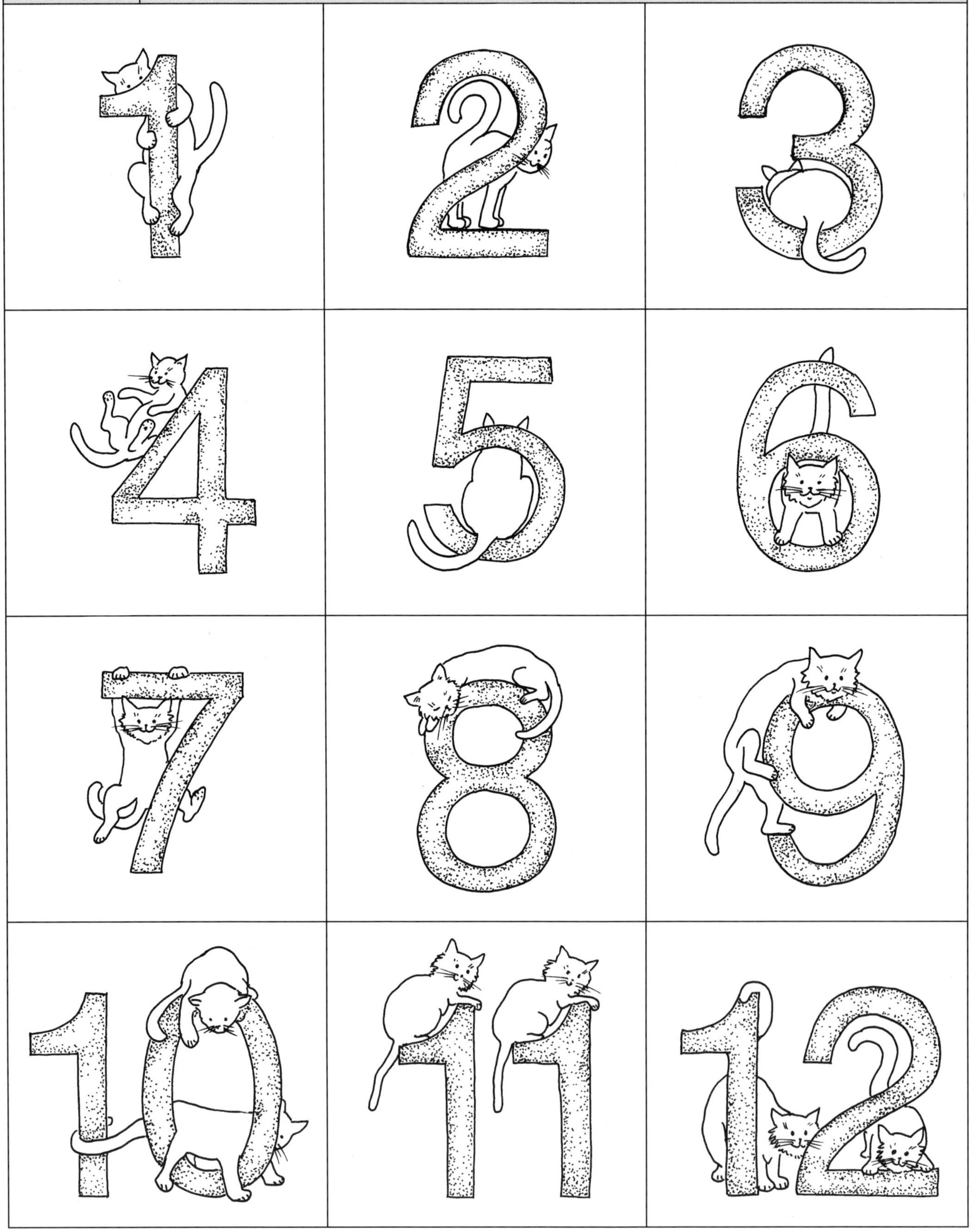

Bergedorfer Grundschulpraxis: Englisch – 3. Klasse, Band 2

6.5.1	Picture cards (Memory): numbers II

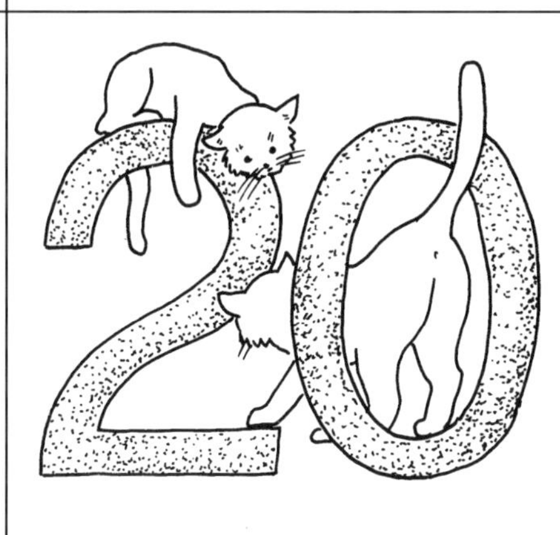

6.5.1 Picture cards (Memory): numbers III

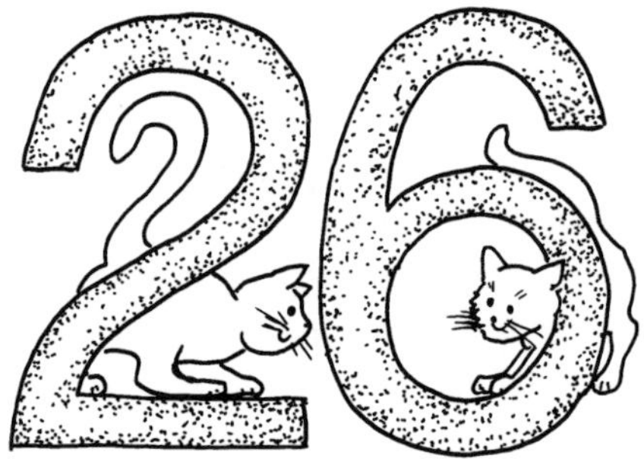

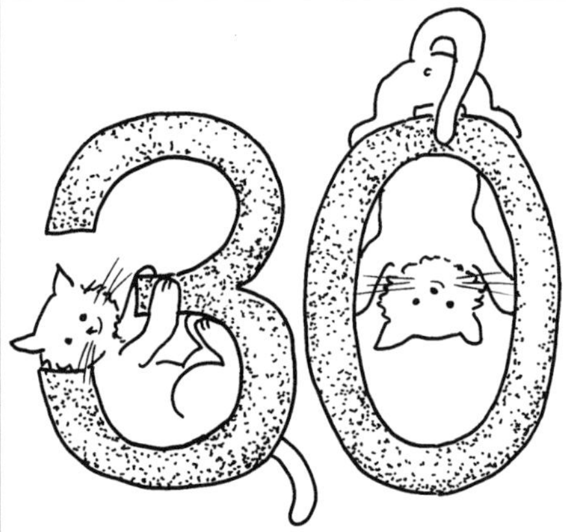

Bergedorfer Grundschulpraxis: Englisch – 3. Klasse, Band 2

6.5.2	Word cards (Memory): numbers I	
one	two	three
four	five	six
seven	eight	nine
ten	eleven	twelve

6.5.2	Word cards (Memory): numbers II

thirteen	fourteen	fifteen
sixteen	seventeen	eighteen
nineteen	twenty	twenty-one
twenty-two	twenty-three	twenty-four

6.5.2	Word cards (Memory): numbers III	
twenty-five	twenty-six	twenty-seven
twenty-eight	twenty-nine	thirty
plus	minus	makes
plus	minus	makes

6.6	Word cards: adjectives I	
big	short	happy
small	long	sad
thick	fat	tall
thin	slim	small

6.6	Word cards: adjectives II	
ugly	wet	young
pretty	dry	old
new		
old		

6.7	Word cards: vehicles	
car	ship	plane
train	bus	lorry

harbour	station
garage	airport

6.8	Word cards: the week

Monday	**Tuesday**
Wednesday	**Thursday**
Friday	**Saturday**
Sunday	

6.9	Spielplan: A Day on the Farm

Klebefläche

6.9	Spielplan: A Day on the Farm

6.10 Vokabeln

Hier sind nur die in den Unterrichtsstunden **neu eingeführten** Vokabeln aufgelistet.

Std.	Wörter/Sätze
41	*short, long, fat, slim, tall, small*
42	*turn around, touch the ground, clean the shoe*
43	*stand up, go*
44	*tree*
45	*family, father, mother, sister, brother*
46	*rabbit, dog, cat, mouse, pet, animal, pet-shop*
47	*eleven, twelve, thirteen, fourteen, fifteen, plus, minus, makes*
48	*What time is it?, a clock, (eight) o'clock*
49	*bird, fish, hamster, guinea-pig; I'm standing in the garden.*
50	*daughter, son*
51	*sixteen, seventeen, eighteen, nineteen, twenty*
52	*kitchen, kettle, I can see/drink …*
53	*shorts, skirt, dress, wardrobe, clothes*
54	*room, bedroom, living room, bathroom, children's room*
55	*egg, bun; That makes (two pennies).*
56	*basket*
57	*zoo, bear, monkey, lion, hippo*
58	*toy, lorry; Can I help you?; How much is it?*
59	–
60	*cow, sheep, horse, pig; A (cow) lives on a farm.*
61	*afternoon, evening, night, a.m., p.m.*
62	*grandfather, grandmother, parents, baby*
63	–
64	*twenty-one, twenty-two, twenty-three, twenty-four, twenty-five, twenty-six, twenty-seven, twenty-eight, twenty-nine, thirty*
65	*crocodile, giraffe, camel, kangaroo, elephant, tiger*
66	*spider, spout, sun, rain, climbing up*
67	*scone, spoon, knife, cup, plate, teapot*
68	*thin, thick, big, happy, sad*
69	*get up, go to school, have dinner, watch TV, go to bed*
70	*shirt, jeans, stockings, cardigan, blouse; I'm wearing …*
71	*face, neck, back, shoulder*
72	*old, young, new, wet, dry, ugly*
73	*duck, hen, goose, goat, pony, cow-shed, meadow, henhouse, stable, favourite*
74	*garden, flower, bush, grass, fence*
75	*bus, train, ship, garage, harbour, station, airport*
76	*market, carrot, apple, tomato, banana*
77	*Stretch your arms!; Bend your knees!; Stamp your feet!; Clap your hands!; Shut your eyes!; Shake your arms!*
78	*Monday, Tuesday, Wednesday, Thursday, Friday, Saturday, Sunday, shopping*
79	*sunny, cloud, cloudy, wind, windy, snow, snowy, rainy, fog, foggy; What is the weather like?*
80	*wall, man/men*

6.11 Lieder und Reime

Die Lieder und Reime finden sich unter den Materialien der entsprechenden Stunden und – zusammen mit den Liedern und Reimen für das 1. Halbjahr der 3. Klasse – auf CD 1 der Bergedorfer Grundschulpraxis Englisch.

Lieder

Good Morning (Einführung: 2. Stunde)
Two Little Dicky Birds (Einführung: 5. Stunde)
Goodbye (Einführung: 9. Stunde)
Tom's Ball Is Blue (Einführung: 10. Stunde)
Five in the Bed (Einführung: 12. Stunde)
Ten Little Indians (Einführung: 16. Stunde)
Happy Birthday (Einführung: 20. Stunde)
One, Two, Three, Four, Five (Einführung: 24. Stunde)
We Wish You a Merry Christmas (Einführung: 25. Stunde)
Five Brown Teddies (Einführung: 29. Stunde)
I Sent a Letter to My Love (Einführung: 36. Stunde)
Are You Sleeping, Lilly Long? (Einführung: 39. Stunde)
Hickory, Dickory, Dock (Einführung: 48. Stunde)
Polly, Put the Kettle On (Einführung: 52. Stunde)
Hot Cross Buns (Einführung: 55. Stunde)
Big Ben Stroke (Einführung: 59. Stunde)
Baa, baa, Black Sheep (Einführung: 63. Stunde)
One Little Elephant (Einführung: 65. Stunde)
Incey Wincey Spider (Einführung: 66. Stunde)
I'm a Little Teapot (Einführung: 67. Stunde)
Head and Shoulders (Einführung: 71. Stunde)
If You're Happy (Einführung: 72. Stunde)
Old Mac Donald (Einführung: 73. Stunde)
Hokey Cokey (Einführung: 77. Stunde)
Humpty Dumpty (Einführung: 80. Stunde)

Reime

This Is Polly (Einführung: 7. Stunde)
Pretty Little Dutch Girl (Einführung: 8. Stunde)
Pat-a-Cake (Einführung: 19. Stunde)
Little Jack Horner (Einführung: 26. Stunde)
Snow Is White I (Einführung: 32. Stunde)
Snow Is White II (Einführung: 32. Stunde)
These Are My Eyes (Einführung: 34. Stunde)
One Little, Two Little, Three Little Witches (Einführung 41. Stunde)
Teddy Bear, Teddy Bear (Einführung 42. Stunde)
Jack and Jill (Einführung 44. Stunde)
One, Two, Buckle My Shoe (Einführung 64. Stunde)

6.12 Englische Kinderliteratur

Ahlberg, Janet and Allan: Each Peach, Pear, Plum
Baxter, Nicola: My treasury of Stories and Rhymes
Books, Armadillo: My Little Treasury of Stories and Rhymes
Butterwort, Nick: My Mum Is Fantastic
Campbell, Rod: Noisy Farm
Carle, Eric: The Very Hungry Caterpillar
Carle, Eric: The Bad-Tempered Ladybird
Carle, Eric: Do You Want to Be My Friend?
Crebbin, June: The Puffin Book of Fantastic First Poems
Graves, Kimberlee: The Little Green Man Visits a Farm
Hawkins, Colin: What's the Time, Mr Wolf?
Martin Jr., Bill: Brown Bear, Brown Bear, What Do You See?
Nicoll, Helen and Pienkowski, Jan: Meg and Mog
Paul, Korky and Thomas, Valerie: Winnie the Witch
Paul, Korky and Thomas, Valerie: Winnie Waves Her Wand
Potter, Beattrix: Nursery Rhyme Book
Voake, Charlotte: Ginger Finds a Home
Watanabe, Shigeo: Hallo! How Are You?
Williams, Lanczak Rozanne: Who Took the Cookies from the Cookie Jar?
Williams, Lanczak Rozanne: Lunch with Cat and Dog
Williams, Lanczak Rozanne: Ten Monsters in a Bed
Williams, Lanczak Rozanne: The Giraffe Made Her Laugh
Williams, Lanczak Rozanne: Cinderella Dressed in Yellow

Bergedorfer® Grundschulpraxis - alle Bände im Überblick

Grundschulunterricht in allen Fächern – leicht gemacht!

Waltraud Kruit/Ellen Müller/Claudia Schweer

Bergedorfer® Grundschulpraxis – Deutsch

1. Klasse

Band 1
206 Seiten, DIN A4,
kartoniert
Best.-Nr. **3932**

Band 2
188 Seiten, DIN A4,
kartoniert
Best.-Nr. **3933**

Band 3
Ca. 160 Seiten, DIN A4,
kartoniert
Best.-Nr. **3982**

2. Klasse

Band 1
Ca. 150 Seiten, DIN A4,
kartoniert
Best.-Nr. **3934**

Band 2
Ca. 150 Seiten, DIN A4,
kartoniert
Best.-Nr. **3935**

3. Klasse

Band 1
Ca. 150 Seiten, DIN A4,
kartoniert
Best.-Nr. **3936**

Band 2
Ca. 150 Seiten, DIN A4,
kartoniert
Best.-Nr. **3937**

4. Klasse

Band 1
Ca. 150 Seiten, DIN A4,
kartoniert
Best.-Nr. **3938**

Band 2
Ca. 150 Seiten, DIN A4,
kartoniert
Best.-Nr. **3939**

Individualisierung, Handlungsorientierung und Lernen in Zusammenhängen sind hier oberstes Gebot. Der systematische Aufbau des Lehrgangs und die zahlreichen kreativen Anregungen der „Ideenbörse" erleichtern Ihnen die Unterrichtsvorbereitung erheblich. Eine besondere Hilfe sind auch die vielseitigen Vorschläge zum freien Schreiben mit der Anlauttabelle.

Karl-Heinz Langer/Heinz Lewe/Michael Schnücker

Bergedorfer® Grundschulpraxis – Mathematik

1. Klasse

Band 1
104 Seiten, DIN A4,
kartoniert
Best.-Nr. **3958**

Band 2
Ca. 100 Seiten, DIN A4,
kartoniert
Best.-Nr. **3959**

2. Klasse

Band 1
126 Seiten, DIN A4,
kartoniert
Best.-Nr. **3960**

Band 2
Ca. 100 Seiten, DIN A4,
kartoniert
Best.-Nr. **3961**

3. Klasse

Band 1
Ca. 100 Seiten, DIN A4,
kartoniert
Best.-Nr. **3962**

Band 2
Ca. 100 Seiten, DIN A4,
kartoniert
Best.-Nr. **3963**

4. Klasse

Band 1
Ca. 100 Seiten, DIN A4,
kartoniert
Best.-Nr. **3964**

Band 2
Ca. 100 Seiten, DIN A4,
kartoniert
Best.-Nr. **3965**

Lebendiger Mathematikunterricht von Anfang an!
Diese Unterrichtshilfen machen die Kinder neugierig auf mathematische Zusammenhänge durch kindgemäße, differenzierende Aufgaben. Die übersichtlich strukturierten Seiten enthalten alle relevanten Lerninhalte für den Unterricht in der Grundschule. Sofort einsetzbare Kopiervorlagen und Kommentare erleichtern die Unterrichtsvorbereitung. Die Materialien sind unabhängig vom eingeführten Schulbuch einsetzbar.

Ursula Lassert

Bergedorfer® Grundschulpraxis – Englisch

3. Klasse

Band 1
136 Seiten, DIN A4,
kartoniert
Best.-Nr. **3954**

Foliensatz 1
10 Folien, DIN A4,
vierfarbig
Best.-Nr. **3985**

Band 2
156 Seiten, DIN A4,
kartoniert
Best.-Nr. **3955**

Foliensatz 2
16 Folien, DIN A4,
vierfarbig
Best.-Nr. **3986**

CD mit Liedern für die 3. Klasse
Best.-Nr. **3989**

4. Klasse

Band 1
Ca. 110 Seiten, DIN A4,
kartoniert
Best.-Nr. **3956**

Foliensatz 1
Ca. 15 Folien, DIN A4,
vierfarbig
Best.-Nr. **3987**

Band 2
Ca. 110 Seiten, DIN A4,
kartoniert
Best.-Nr. **3957**

Foliensatz 2
Ca. 15 Folien, DIN A4,
vierfarbig
Best.-Nr. **3988**

CD mit Liedern für die 4. Klasse
Best.-Nr. **3990**

Zu Hause hier und dort – Jeden Tag und jedes Jahr – Lernen, arbeiten, freie Zeit – Durch die Zeiten – Eine Welt für alle – Auf den Flügeln der Fantasie: Diese sechs Erfahrungsfelder bilden den Ausgangspunkt für den gemeinsamen Erlebnisrahmen der Schülerinnen und Schüler. Arbeitsblätter, Lieder, Reime und Spiele sind im Handumdrehen einsatzbereit. Die Unterrichtssequenzen liefern praktische Anregungen zum Unterrichtsaufbau und einfaches englisches Sprachmaterial.

Bestens vorbereitet in allen Fächern der Grundschule!

Bergedorfer® Grundschulpraxis – alle Bände im Überblick

Mona Dechant/Karl-Walter Kohrs

Bergedorfer® Grundschulpraxis – Sachunterricht

1./2. Klasse

Natur und Leben
172 Seiten, DIN A4, kartoniert
Best.-Nr. **3940**

Technik und Arbeitswelt
Ca. 100 Seiten, DIN A4, kartoniert
Best.-Nr. **3941**

Raum und Umwelt
Ca. 100 Seiten, DIN A4, kartoniert
Best.-Nr. **3942**

Mensch und Gemeinschaft
Ca. 100 Seiten, DIN A4, kartoniert
Best.-Nr. **3943**

Zeit und Kultur
Ca. 100 Seiten, DIN A4, kartoniert
Best.-Nr. **3944**

3./4. Klasse

Natur und Leben
Ca. 150 Seiten, DIN A4, kartoniert
Best.-Nr. **3945**

Technik und Arbeitswelt
Ca. 100 Seiten, DIN A4, kartoniert
Best.-Nr. **3946**

Raum und Umwelt
Ca. 100 Seiten, DIN A4, kartoniert
Best.-Nr. **3947**

Mensch und Gemeinschaft
Ca. 100 Seiten, DIN A4, kartoniert
Best.-Nr. **3948**

Zeit und Kultur
Ca. 100 Seiten, DIN A4, kartoniert
Best.-Nr. **3949**

Forschend-entdeckendes Lernen und Arbeiten im Sachunterricht! Dieses umfassende, vielfältige sowie kindgemäße Materialangebot ermöglicht auch ohne Schulbuch einen auf die aktuellen didaktischen Erkenntnisse genau abgestimmten Sachunterricht. Jedes Thema bzw. jeder Aufgabenschwerpunkt wird anhand eines didaktisch-methodischen Kommentars entfaltet. Die benötigten Materialien werden im Anschluss daran gleich mitgeliefert. Versuchsbeschreibungen, die als Karteikarten angelegt sind, regen zum Experimentieren und Entdecken an.

Christian Gauer/Markus Gross/Sabine Grünschläger-Brenneke/
Micaela Röse/Gerhard Struwe

Bergedorfer® Grundschulpraxis – Religion

1. Klasse

Buch
172 Seiten, DIN A4,
kartoniert
Best.-Nr. **3950**

CD
68 Min. Spielzeit
Best.-Nr. **3974**

Foliensatz
13 Folien, DIN A5
Best.-Nr. **3975**

2. Klasse

Buch
Ca. 160 Seiten, DIN A4,
kartoniert
Best.-Nr. **3951**

CD
Ca. 65 Min. Spielzeit
Best.-Nr. **3976**

Foliensatz
Ca. 15 Folien, DIN A5
Best.-Nr. **3977**

3. Klasse

Buch
Ca. 160 Seiten, DIN A4,
kartoniert
Best.-Nr. **3952**

CD
Ca. 65 Min. Spielzeit
Best.-Nr. **3978**

Foliensatz
Ca. 15 Folien, DIN A5
Best.-Nr. **3979**

4. Klasse

Buch
Ca. 160 Seiten, DIN A4,
kartoniert
Best.-Nr. **3953**

CD
Ca. 65 Min. Spielzeit
Best.-Nr. **3980**

Foliensatz
Ca. 15 Folien, DIN A5
Best.-Nr. **3981**

Umfassende Materialien für abwechslungsreiche Stunden, die alle relevanten Themen abdecken! Für jedes Thema liefern die Bände fundierte theologisch-didaktische Kommentare und für die einzelnen Unterrichtseinheiten praxiserprobte Bausteine. Alle Sequenzen werden in übersichtliche Unterrichtsschritte aufgeteilt und enthalten die benötigten Materialien und Kopiervorlagen für die Unterrichtsgestaltung. Hier wird der Religionsunterricht zu einem ganzheitlichen Erlebnis.

Beate Büngers/Felix Busch/Anke Matuschewski/Diana Rips/
Silke Weber

Bergedorfer® Grundschulpraxis – Sport

1./2. Klasse

Band 1
140 Seiten, DIN A4,
kartoniert
Best.-Nr. **3918**

Band 2
160 Seiten, DIN A4,
kartoniert
Best.-Nr. **3919**

Begleit-CD
60 Minuten Spieldauer
Best.-Nr. **3922**

3./4. Klasse

Band 1
Ca. 150 Seiten, DIN A4,
kartoniert
Best.-Nr. **3920**

Band 2
Ca. 150 Seiten, DIN A4,
kartoniert
Best.-Nr. **3921**

Begleit-CD
Ca. 60 Minuten Spieldauer
Best.-Nr. **3923**

Mit wenig Vorbereitungsaufwand fantasievoll und erlebnisorientiert Sport unterrichten! Dazu bieten diese Bände tolle themengeleitete Sportstunden mit originellen Spielideen und effektiven Übungen, kompakte Angebote für alle Bereiche des Sportunterrichts (auf zwei Bände verteilt) sowie Begleit-CDs, die alle Lieder und Stücke für den Bereich Gymnastik/Tanz enthalten, aber auch Musik zum schnellen oder ausdauernden Laufen, Zirkusmusik, Entspannungsmusik und Geräusche zum auditiven Einstieg in Fantasiesituationen.